Cuchillo

SALMAN RUSHDIE
Cuchillo

Meditaciones tras un intento de asesinato

Traducción de Luis Murillo Fort

RANDOM HOUSE

El papel utilizado para la impresión de este libro ha sido fabricado a partir de madera
procedente de bosques y plantaciones gestionadas con los más altos estándares ambientales,
garantizando una explotación de los recursos sostenible con el medio ambiente y beneficiosa para las personas

Cuchillo
Meditaciones tras un intento de asesinato

Título original: *Knife*

Primera edición en España: abril, 2024
Primera edición en México: mayo, 2024

D. R. © 2024, Salman Rushdie
Todos los derechos reservados

D. R. © 2024, Penguin Random House Grupo Editorial, S. A. U.
Travessera de Gràcia, 47-49, 08021, Barcelona

D. R. © 2024, derechos de edición mundiales en lengua castellana:
Penguin Random House Grupo Editorial, S. A. de C. V.
Blvd. Miguel de Cervantes Saavedra núm. 301, 1er piso,
colonia Granada, alcaldía Miguel Hidalgo, C. P. 11520,
Ciudad de México

penguinlibros.com

D. R. © 2024, Luis Murillo Fort, por la traducción

ISBN: 978-607-384-267-9

Impreso en México – *Printed in Mexico*

*Este libro está dedicado
a los Hombres y Mujeres que me salvaron la vida*

Somos otros, ya no lo que éramos
antes de la desgracia de ayer.

SAMUEL BECKETT

ÍNDICE

PRIMERA PARTE

EL ÁNGEL DE LA MUERTE

1

CUCHILLO

A las once menos cuarto del 12 de agosto de 2022, un soleado viernes por la mañana en el norte del estado de Nueva York, fui agredido y casi asesinado por un joven armado con un cuchillo poco después de subir yo al escenario del anfiteatro de Chautauqua para hablar de la importancia de mantener a los escritores a salvo de todo riesgo.

Yo estaba con Henry Reese, creador junto con su esposa, Diane Samuels, del proyecto Ciudad Asilo de Pittsburgh, que brinda refugio a una serie de escritores cuya seguridad corre peligro en sus países respectivos. Era de esto de lo que íbamos a hablar en Chautauqua Henry y yo: de la creación en Norteamérica de espacios seguros para autores extranjeros, y de mi implicación en los inicios de dicho proyecto. La charla formaba parte de una semana de actos en la Chautauqua Institution bajo el lema: «Más que un refugio: Redefinir el hogar norteamericano».

La conversación entre ambos no tuvo lugar. Como iba a descubrir enseguida, aquel día el anfiteatro no era un espacio seguro para mí.

Todavía veo el momento a cámara lenta. Sigo con la mirada al hombre que se destaca de entre el público y corre hacia mí. Veo cada paso de su precipitada carrera. Me veo a mí mismo poniéndome de pie y volviéndome hacia él. (Continúo de cara a él. En ningún momento le doy la espalda. No tengo ninguna herida en la espalda). Levanto la mano izquierda en un gesto de defensa. Él me hunde el cuchillo en la mano. Después de eso me asesta varias cuchilladas más, en el cuello, en el pecho, en un ojo, en todas partes. Noto que me fallan las rodillas y me desplomo.

El jueves 11 de agosto había sido mi última velada inocente. Henry, Diane y yo habíamos paseado tan tranquilos por los terrenos de la institución y luego cenamos agradablemente en el 2 Ames, un restaurante sito en la esquina de la zona de parque que llaman Bestor Plaza. Rememoramos una charla que yo había dado en Pittsburgh dieciocho años atrás sobre mi papel en la creación de la red internacional de Ciudades de Refugio. Henry y Diane habían estado presentes y la charla les sirvió de inspiración para convertir Pittsburgh en otra ciudad-asilo. Empezaron por financiar una casa pequeña y patrocinar a Huang Xiang, un poeta chino que tuvo la idea de cubrir el exterior de su nuevo hogar con un poema suyo escrito en grandes caracteres chinos pintados de blanco. Con el tiempo, Henry y Diane ampliaron el proyecto hasta tener toda una calle de casas-asilo, Sampsonia Way, en el lado norte de la ciudad. Yo me alegraba de estar en Chautauqua para festejar lo que habían conseguido.

Lo que ignoraba era que mi asesino potencial se hallaba ya presente en el recinto de la Chautauqua Institution. Que había entrado valiéndose de una documentación falsa, con un nombre inventado a partir de los nombres reales de conocidos extremistas chiíes, y que, mientras nosotros íbamos a cenar y volvíamos luego a la casa en la que nos hospedábamos, él también estaba por allí, llevaba un par de noches merodeando por la zona, durmiendo mal, explorando el emplazamiento del atentado, elaborando un plan, sin que ningún guardia de seguridad ni cámara de vigilancia se percatara de su presencia. Podríamos habernos topado con él en cualquier momento.

No quiero utilizar su nombre aquí. Mi Agresor, mi Asesino potencial, el Alcornoque que hizo ciertas Apreciaciones sobre mi persona y con quien tuve un Altercado casi mortal de necesidad... me he visto pensando en él (supongo que es perdonable) como en un asno. Sin embargo, en este texto me referiré a él de manera más decorosa como «el A.». Cómo le llame yo en la intimidad de mi casa es solo de mi incumbencia.

Este «A.» no se molestó en informarse sobre el hombre a quien había decidido matar. Según propia confesión, apenas si leyó dos páginas de mis escritos y vio un par de vídeos de YouTube donde salía yo; con eso tuvo suficiente. De lo cual podemos deducir que, fuera cual fuese el motivo de la agresión, no tuvo que ver con *Los versos satánicos*.

En este libro intentaré comprender a qué se debió.

La mañana del 12 de agosto desayunamos temprano con los promotores del acto en la soleada terraza del imponente hotel Athenaeum, en el recinto de la institución. A mí no me gusta desayunar mucho, solo tomé café y un cruasán. Conocí al poeta haitiano Sony Ton-Aimé, director de la cátedra Michael I. Rudell de las Artes Literarias en la Chautauqua Institution, que iba a ser el encargado de presentarnos. Se habló un poco sobre los males y las virtudes de comprar libros nuevos en Amazon. (Confesé que yo lo hacía a veces). Después atravesamos el vestíbulo del hotel y salimos a una plazoleta detrás de la cual estaba el backstage del anfiteatro. Una vez allí, Henry me presentó a su nonagenaria madre, una señora muy agradable.

Justo antes de salir al escenario, se me entregó un sobre que contenía un talón: mis honorarios por la charla. Me lo guardé en el bolsillo de la chaqueta y llegó la hora de actuar: Sony, Henry y yo salimos a escena.

El anfiteatro tiene un aforo de más de cuatro mil personas. No estaba lleno, pero había mucha gente. Sony, desde un estrado en el lado izquierdo del escenario, nos presentó brevemente. Yo estaba en el lado derecho. El público aplaudió, muy generoso. Recuerdo que levanté una mano en señal de agradecimiento. Y entonces, con el rabillo del ojo derecho —la última cosa que iba a ver ese ojo—, vi a aquel hombre vestido de negro que corría en dirección a mí por el pasillo de la derecha de la zona de butacas. Prendas negras, pasamontañas negro. Embestía como un misil agazapado. Me puse de pie, mirándolo avanzar. No intenté echar a correr. Estaba paralizado.

Habían pasado treinta y tres años y medio desde la famosa sentencia de muerte dictada por el ayatolá Ruhollah Jomeini contra mí y todas las personas implicadas en la publicación de *Los versos satánicos*, y confieso que durante esos años había imaginado más de una vez a mi asesino viniendo hacia mí en algún lugar público exactamente de esa manera. De ahí que, al ver a aquel hombre corriendo en dirección a mí con malas intenciones, lo primero que pensé fue: «O sea que eres tú. Aquí estás». Dicen que las últimas palabras de Henry James fueron: «Bueno, por fin ha llegado, esa cosa distinguida». La Muerte venía a por mí, solo que yo no la encontré nada distinguida. Anacrónica, más bien.

Y lo segundo que pensé: «¿Por qué ahora? No fastidies. Si aquello pasó hace mucho… ¿Por qué ahora, después de tantos años?». El mundo había seguido su curso, aquel asunto tenía que estar ya cerrado. Y, sin embargo, como salido del túnel del tiempo, allí estaba aquel fantasma criminal dispuesto a todo.

Esa mañana no había guardias de seguridad en el auditorio —¿por qué?, ni idea—, de modo que nadie le salió al paso. Yo, mientras, allí de pie, mirando en dirección a él, clavado al suelo como un idiota, como un conejo paralizado por los faros de un coche.

Y entonces llegó a mi altura.

No vi el cuchillo, o, en todo caso, no tengo ningún recuerdo de ello. No sé si era largo o corto, si era de hoja ancha como un cuchillo de caza o bien estrecho como un estilete, si era de sierra como los de cortar pan o una navaja de resorte, o incluso un cuchillo de cocina vulgar y corriente que le habría robado a su madre. Da igual. La cuestión es que sirvió para lo que había de servir, aquel arma invisible, e hizo su labor.

Dos noches antes de tomar el avión a Chautauqua, soñé que un hombre me atacaba con una lanza, un gladiador en un anfiteatro romano. El público pedía sangre a gritos. Yo rodaba por la arena tratando de esquivar los envites del gladiador, y gritaba a pleno pulmón. No era la primera vez que tenía ese sueño. En dos ocasiones anteriores, mientras mi yo del sueño rodaba frenéticamente por el suelo, mi yo real, el que dormía, gritando también, lanzó su cuerpo —el mío— fuera de la cama. El costalazo me hizo despertar en el suelo de la habitación.

Esta última vez no caí de la cama. Mi mujer, Eliza —la novelista, poeta y fotógrafa Rachel Eliza Griffiths— me despertó justo a tiempo. El sueño había sido asombrosamente vívido y violento. Me pareció un mal augurio (a pesar de que yo no creo en esas cosas); a fin de cuentas, la sala en la que estaba previsto que diera una charla era también un anfiteatro.

Le dije a Eliza: «No quiero ir». Pero había personas que dependían de mí —Henry Rose, para empezar, y el acto estaba anunciado desde hacía un tiempo, se habían vendido ya entradas— y además iban a pagarme bien por la charla. A la sazón, teníamos algunas facturas importantes que pagar; el sistema de aire acondicionado de la casa era muy viejo, podía estropearse cualquier día, y había que renovarlo, así que el dinero nos iba a venir muy bien. «Más vale que vaya», dije.

La ciudad de Chautauqua se llama así por el lago del mismo nombre en cuyas orillas está enclavada. «Chautauqua» es una palabra de la lengua erie hablada por los indios erie, pero tanto dicha tribu como su lengua se extinguieron, de modo que no está claro qué significa la palabra. Podría ser «dos mocasines», o quizá «una bolsa atada en medio», o tal vez algo completamente diferente. Puede que aluda a la forma del lago en cuestión, o puede que no. Hay cosas que se pierden en el pasado, donde terminamos todos, la mayoría de nosotros olvidados.

La palabra me salió al paso por primera vez en 1974, más o menos por la época en que terminé mi primera novela. Aparecía en el libro de culto de aquel año, *Zen y el arte del mantenimiento de la motocicleta*, de Robert M. Pirsig. Ya no recuerdo gran cosa de *ZAMM*, como se lo conocía por su título original inglés —tampoco me interesan mucho las motos ni el budismo zen—, pero recuerdo que me gustó aquella extraña palabra, como también la idea de los encuentros, o «chautauquas», en los que se debatían ideas en un marco de tolerancia, libertad y miras abiertas. El «movimiento chautauqua» se extendió por todos los estados desde la localidad del mismo nombre; Theodore Roosevelt lo calificó de «la cosa más americana de América».

Yo había hablado en Chautauqua anteriormente. Fue casi exactamente doce años atrás, en agosto de 2010. Recordaba bien el acogedor ambiente de claustro de la institución, las pulcras calles flanqueadas de árboles que rodeaban el anfiteatro. (Pero, para mi sorpresa, el de ahora era otro. El antiguo anfiteatro había sido demolido y construido de nuevo en 2017). En el interior de la institución, personas de cabellos blancos y mentalidad progresista formaban una comunidad idílica, viviendo en casas de madera cuyas puertas no se les antojaba necesario cerrar con llave. Pasar unos días allí fue como una vuelta atrás en el tiempo, a un mundo inocente que tal vez solo haya existido en sueños.

Aquella última noche de inocencia, la del 11 de agosto, me encontraba a solas frente a la casa para huéspedes contemplando la luna llena que rielaba con fuerza en las aguas del lago. Solo, arropado por la noche; la luna y yo, nadie más.

En mi novela *Ciudad Victoria* los primeros reyes del imperio indio de Bisnaga aseguran ser descendientes del dios Luna y, en consecuencia, formar parte de la llamada «estirpe lunar», entre cuyos miembros se cuentan Krishna y el poderoso guerrero Arjuna del *Mahabharata*. A mí me gustaba la idea de que, en lugar de que simples terráqueos hubieran viajado a nuestro satélite en una nave curiosamente bautizada con el nombre del dios sol Apolo, hubieran sido divinidades lunares las que descendieran al planeta Tierra. Estuve un rato allí de pie, al claro de luna, y pensé en asuntos lunares. Por ejemplo, en la anécdota apócrifa de Neil Armstrong al poner el pie en la luna y decir por la bajo: «Buena suerte, señor Gorsky», porque, según parece, siendo apenas un muchacho en su Ohio natal, oyó discutir al matrimonio Gorsky por el deseo del señor G de que le hicieran una felación. La señora Gorsky, se dice, le respondió: «Pues tendrás que esperar a que el chico de al lado llegue a la luna». La anécdota, lamentablemente, no era verídica, pero mi amiga Allegra Huston había hecho una divertida película sobre el particular.

Pensé también en «La distancia hasta la luna», un relato de Italo Calvino perteneciente a *Cosmicomics*, acerca de una época en que el satélite estaba mucho más cercano a la Tierra que ahora y los enamorados podían alcanzarlo de un salto para sus citas lunares.

Y pensé en *Billy Boy*, de Tex Avery, los dibujos animados donde el pequeño macho cabrío se come la luna.

Mi cabeza funciona así, por libre asociación.

Al final me acordé también de *Le voyage dans la Lune*, la película muda de catorce minutos realizada por Georges Meliès, un clásico de los inicios del cinematógrafo (1902) sobre los primeros hombres que llegan a la luna en una cápsula con forma de bala disparada desde un cañón inmensamente largo, vestidos con sombrero de copa y levita y armados de paraguas. Es el momento más famoso de dicha película, el alunizaje.

Yo ignoraba por completo —mientras recordaba la imagen de la nave espacial hincándose en el ojo derecho de la luna— lo que el día siguiente le tenía deparado a mi propio ojo derecho.

Miro en retrospectiva a ese hombre feliz —yo— bañado en luz de luna estival un jueves de agosto por la noche. Se siente dichoso porque la escena es bella; y porque está enamorado; y porque ha terminado su novela —acaba de hacer lo último que se hace: corregir las galeradas— y las primeras personas que la han leído están entusiasmadas. La vida le sonríe. Pero nosotros sabemos lo que él ignora. Sabemos que ese hombre feliz junto al lago corre peligro de muerte. Y el hecho de que él no sepa nada hace que nuestro temor sea más grande aún.

A este recurso literario se lo conoce como prefiguración. Uno de los ejemplos más citados de ello es el famoso comienzo de *Cien años de soledad*. «Muchos años después, frente al pelotón de fusilamiento...». Cuando nosotros, como lectores, sabemos lo que el personaje ignora, quisiéramos advertirle. «Corre, Ana Frank, mañana descubrirán tu escondite». Al pensar en esa última noche de despreocupación, la sombra del futuro se topa con mi memoria. Pero yo no puedo advertirme a mí mismo: demasiado tarde para eso. Lo único que puedo hacer es contar la historia.

He aquí un hombre solo en la oscuridad, ajeno al peligro que ya se cierne sobre él.

He aquí un hombre que va a acostarse. Por la mañana, su vida cambiará. Él, pobre inocente, no sabe nada. Está dormido. El futuro se le viene encima mientras duerme.

Salvo que, cosa curiosa, es el pasado lo que vuelve, mi pasado abalanzándose sobre mí, no un gladiador de sueño sino un individuo con pasamontañas y cuchillo decidido a ejecutar una sentencia de muerte de hace tres décadas. En la muerte todos somos personas del ayer atrapadas para siempre en el pretérito; esa era la jaula en la que el cuchillo quería encerrarme.

No el futuro, sino el pasado redivivo, que pretendía hacerme retroceder en el tiempo.

¿Por qué no luché? ¿Por qué no hui? Me quedé quieto como una piñata y dejé que él me destrozara. ¿Tan flojo soy que no pude hacer ni el menor intento de defenderme? ¿Tan grande era mi fatalismo que estaba dispuesto a entregarme sin más a mi asesino?

¿Por qué no hice nada? Otros, familia y amigos, han intentado responder por mí a esa pregunta. «Tenías setenta y cinco años. Él, veinticuatro. No habrías podido hacerle frente». «Seguramente ya estabas conmocionado antes de que él te atacara». «¿Y qué podías hacer? Él corría más que tú. Y tú no ibas armado». Y repetidas veces: «¿Dónde diablos estaban los de seguridad?».

No sé muy bien qué pensar ni qué contestar. Hay días que siento engorro, por no decir vergüenza, ante mi nula reacción, mi nulo intento de defenderme. Otros días me digo a mí mismo: «No seas estúpido, ¿qué te imaginas que podías haber hecho?».

Lo más cerca que he estado de comprender mi inacción es esto: las personas que son objeto de violencia experimentan una crisis en su comprensión de lo real. Niños yendo al colegio, fieles congregados en una sinagoga, gente comprando en un supermercado, un hombre en el escenario de un anfiteatro; todos ellos habitan, por decirlo así, una imagen estable del mundo. Un colegio es un centro de educación. Una sinagoga es un lugar de culto. Un supermercado es un sitio donde comprar. Un escenario es un espacio donde se actúa. Ese es el marco en que se ven a sí mismos.

La violencia hace pedazos esa imagen. De pronto, la gente desconoce las normas: qué decir, cómo comportarse, qué decisiones tomar. Ya no conoce la forma de las cosas. La realidad se disuelve para ser reemplazada por lo incomprensible. El temor, el pánico, la parálisis se imponen al pensamiento racional. «Regir» se vuelve imposible, pues en presencia de actos violentos las personas ya no saben qué cosa es «regir». La violencia las −nos− desestabiliza, o incluso trastorna. La mente ya no sabe cómo funcionar.

Aquella preciosa mañana, en aquel atractivo entorno, la violencia vino corriendo hacia mí y mi realidad se hizo pedazos. No es, pues, muy sorprendente que, en los pocos segundos que tuve, no supiese qué hacer.

Los primeros días tras el atentado, yaciendo en una cama de hospital con diversas partes de mi cuerpo sujetas mediante grapas metálicas, le decía con orgullo a cualquiera que me prestaba oídos: «Lo recuerdo todo, porque en ningún momento llegué a perder el conocimiento». Ahora tengo claro que eso no era verdad. Sí es verdad que fui más o menos consciente de cuanto me rodeaba y que no llegué a perder del todo el sentido, pero no que mi poder de observación funcionara con normalidad, ni mucho menos. A buen seguro esa confianza en mí mismo que traslucía mi afirmación era fruto de los poderosos calmantes que me estaban dando entonces: fentanilo, morfina, qué sé yo. Así pues, lo que sigue es un collage, un mosaico compuesto con piezas de mi memoria más comentarios de otros testigos y noticias aparecidas en la prensa.

Noté que me golpeaba muy fuerte en el lado derecho de la quijada, y recuerdo que pensé: «Me ha roto la mandíbula. Se me caerán todos los dientes».

Al principio creí que acababa de recibir un puñetazo de un profesional. (Más adelante supe que el hombre había tomado clases de boxeo). Ahora sé que en ese puño había un cuchillo. De mi cuello empezó a salir sangre a borbotones. Mientras caía al suelo, fui consciente del líquido que salpicaba mi camisa.

Acto seguido ocurrieron varias cosas. Todo pasó muy rápido y no estoy seguro de que fuera por este orden. Primero estaba la profunda herida de cuchillo en mi mano izquierda, que cercenó los tendones y casi todos los nervios. Hubo por lo menos dos cuchilladas más asestadas al cuello —una como si la hoja quisiera atravesarlo de parte a parte y otra en el lado derecho— y otra un poco más arriba, en la cara, también en el lado derecho. Si me miro ahora el pecho, veo una línea de heridas en el centro, dos tajos más en el lado inferior derecho y un corte en la parte superior del muslo derecho. Hay otra herida en el costado izquierdo de la boca, y luego una paralela al nacimiento del pelo.

Y la cuchillada en el ojo. Esa fue la peor, y la herida era profunda. La hoja penetró hasta el nervio óptico, lo cual quería decir que no había posibilidad de salvar la vista. Ese ojo no volvería a ver.

El individuo repartía cuchilladas al tuntún, clavaba y rajaba, como si el cuchillo tuviera vida propia y una idea fija, mientras yo, a merced de los golpes, iba cayendo hacia atrás; toqué suelo cargando todo el peso sobre mi hombro izquierdo.

Algunos de los presentes —aferrados a su imagen del mundo y reacios a mirar lo que estaba pasando en realidad— pensaron que todo aquello era una especie de performance concebida para enfatizar los problemas a que se exponían los escritores y que ahora pasaríamos a debatir.

El propio Henry Reese, que continuaba sentado, necesitó unos segundos para ajustar su propia realidad. Pero luego entendió que el hombre iba «a por todas» y vio que yo sangraba. Lo que pasó a continuación fue puro heroísmo.

Henry afirma que actuó «por instinto», pero yo no lo tengo claro. Henry, igual que yo, tiene setenta y tantos años, mientras que el A. tenía veinticuatro, iba armado y solo pensaba en matar. No obstante, Henry cruzó el escenario a la carrera y lo agarró. Yo creo que sería más exacto expresarlo así: «Actuó según lo mejor de sí mismo». O sea, metiéndose en el personaje. Su valentía es una consecuencia de la persona que Henry es.

Al instante, varios miembros del público obraron también conforme a lo mejor de sí mismos. No sé cuántas personas exactamente corrieron a ayudar, pero, desde donde me encontraba, fui consciente de un montón de cuerpos que bregaban por inmovilizar a mi proyecto de asesino, pese a que él era joven, empuñaba un cuchillo ensangrentado y no era fácil de neutralizar. De no ser por Henry y los demás, yo ahora no estaría escribiendo todo esto.

No les vi la cara ni sé cómo se llaman, pero fueron los primeros en salvarme la vida. Así pues, aquella mañana en Chautauqua experimenté, casi simultáneamente, lo peor y lo mejor de la naturaleza humana. Esto es lo que somos como especie: llevamos dentro tanto la posibilidad de asesinar a un desconocido casi sin motivo —esa capacidad del Yago de Shakespeare que Coleridge denomina «maldad inmotivada»— como el antídoto para esa enfermedad: valor, abnegación, inclinación a prestar ayuda a un viejo tirado en el suelo.

Y al final, según creo, apareció un agente de la ley y se llevó detenido a mi casi asesino. De eso no me enteré. Tenía otros asuntos entre manos.

Un arma de fuego puede disparar desde lejos. Una bala puede recorrer un largo trecho para tender un puente entre asesino y asesinado.

Un tiroteo es acción a distancia, pero un ataque con cuchillo tiene un no sé qué de intimidad; el cuchillo es un arma de proximidad y los crímenes que comete son encuentros íntimos. «Aquí me tienes, cabrón –le susurra el cuchillo a su víctima–. Te estaba esperando. ¿Me ves? Estoy justo delante de tu cara. Hundo mi filo asesino en tu cuello. ¿Lo notas? Toma, un poco más, y con propina. Estoy aquí mismo. Justo delante de ti».

Según lo publicado por la prensa, el ataque duró veintisiete segundos; en veintisiete segundos –si uno es de mentalidad religiosa– se puede recitar entero el padrenuestro. O, pasando de la religión, se podría leer en voz alta un soneto de Shakespeare, el que habla de un día de verano, quizá, o bien mi preferido de todos ellos, el número 130: «No son soles los ojos de mi amada». Catorce versos de pentámetros yámbicos, octava y sexteto; es lo que duró ese momento de intimidad que compartimos el A. y yo y que no volverá a repetirse. «Intimidad entre desconocidos». Es una expresión que he empleado a veces para describir esa cosa jubilosa que acaece en el acto de leer, esa feliz unión de las respectivas vidas interiores de autor y lector.

Pero en esta otra unión no hubo asomo de dicha. O quizá la hubo para el A. No en vano había dado con el blanco que buscaba; el filo de su cuchillo penetraba, repetidas veces, en el cuerpo del blanco, y el agresor tenía motivos sobrados para pensar que su empeño se había saldado con éxito y que se hallaba en el escenario de la historia por haberse convertido en el hombre que hizo realidad una amenaza de décadas atrás.

Sí. Yo me inclino a pensar que él seguramente se sintió feliz durante nuestro breve encuentro íntimo.

Pero luego me lo quitaron de encima y lo inmovilizaron. Veintisiete segundos de fama y se acabó. El A. volvía a ser un don nadie.

Recuerdo estar tendido en el suelo mirando el charco de sangre que manaba de mi cuerpo. «Cuánta sangre –pensé. Y luego–: Me estoy muriendo». No fue una cosa dramática, ni siquiera especialmente horrorosa. Probable, más bien. Sí, eso era a todas luces lo que estaba ocurriendo. Fue una sensación neutral, por decirlo así.

Es raro para cualquiera poder describir una experiencia de muerte casi inminente. En primer lugar, diré lo que no pasó. No hubo nada sobrenatural, ningún «túnel de luz», ninguna sensación de elevarme de mi yo corpóreo. De hecho, diría que nunca me he sentido tan fuertemente conectado a mi cuerpo. Mi cuerpo se estaba muriendo y quería llevarme consigo. Era una sensación intensamente física. Más tarde, fuera ya de peligro, me preguntaría quién o qué pensaba que era el «yo» que estaba en el cuerpo pero no era el cuerpo, eso que el filósofo Gilbert Ryle llamó una vez «el fantasma dentro de la máquina». Nunca he creído en la inmortalidad del alma, y lo que me pasó en Chautauqua parecía confirmarlo. El «yo», quienquiera o lo que fuera que fuese, estaba desde luego al borde de la muerte junto con el cuerpo que lo contenía. Yo había dicho a veces, medio en broma, que nuestro sentido de un «yo» no corpóreo tal vez significaba que poseíamos un alma *mortal*, un ente o conciencia que llegaba a su fin junto con nuestra existencia física. Ahora, la verdad, pienso que quizá no era broma del todo.

Mientras yacía en el suelo no estaba pensando en nada de eso. Lo que ocupaba mis pensamientos, y se me hacía difícil soportar, era la idea de morir lejos de las personas que amaba, en compañía de desconocidos. El sentimiento que más me abrumaba era el de una profunda soledad. No volvería a ver a Eliza. No volvería a ver a mis hijos, ni a mi hermana, ni a sus hijas.

«Que alguien les avise», intentaba yo decir. Ignoro si alguien me oyó o entendió lo que decía. Mi propia voz me sonaba lejana, un graznido entrecortado, confuso, inexacto.

Veía como a través de un espejo opaco. Oía, pero vagamente. Había mucho ruido. Era consciente de estar rodeado por una serie de personas que se inclinaban hacia mí, gritando todas al mismo tiempo. Una ruidosa bóveda de seres humanos cercando mi cuerpo supino. Una *campana*, por usar la terminología gastronómica. Es decir, como si yo fuera el plato servido en una bandeja –crudito, *saignant*– y ellos me mantuvieran caliente, con la tapa encima, por decirlo así.

Necesito hablar de dolor, porque sobre este tema mis recuerdos difieren sensiblemente de lo que recuerdan quienes estaban allí conmigo, un grupo de personas entre las que se contaban al menos dos médicos que formaban parte del público. Esas personas les dijeron a los periodistas que yo estaba «aullando de dolor», que no paraba de preguntar «¿Qué me pasa en la mano? ¡Me duele mucho!». Lo curioso es que en mi recuerdo no hay ningún registro de dolor. Puede que el shock y la perplejidad minimicen la percepción del sufrimiento, no lo sé. Es como si se hubiera producido una desconexión entre mi yo «de puertas afuera», el que aullaba, etcétera, y mi yo «de puertas adentro», que estaba de algún modo separado de mis sentidos y, pienso ahora, cerca del delirio.

«Red Rum es *murder* leído de derecha a izquierda». «Red Rum, un caballo, ganó tres veces el Grand National de obstáculos». «Años 73, 74 y 77». Esta es la clase de tonterías aleatorias que brotaban entre mis oídos. Pero también oía algunas cosas que se decían más arriba de mi cabeza.

–Cortadle la ropa para que podamos ver dónde están las heridas –gritó uno.

«Oh –pensé yo–, mi bonito traje Ralph Lauren».

Y llegaron las tijeras (o una navaja, no tengo la menor idea), y mis prendas fueron abandonando mi cuerpo; había cosas que la gente debía atender con urgencia. Había cosas que yo necesitaba decir.

–Mis tarjetas de crédito están en ese bolsillo –murmuré, convencido de que alguien estaría prestando atención–. Las llaves de casa están en el otro.

Oí que un hombre decía: «Qué importa».

A continuación otra voz: «Claro que importa, ¿es que no sabes quién es?».

Estaba moribundo, así que qué importaba, la verdad. No esperaba tener que usar llaves de casa o tarjetas de crédito.

Pero ahora, en retrospectiva, oyendo el cascajo de mi voz insistir en esas cosas, las cosas mundanas de mi vida diaria, creo que una parte de mí —un trozo de «yo» peleón, escondido en alguna parte— no tenía previsto morir y estaba decidida a utilizar de nuevo esas llaves y esas tarjetas, sobre cuya existencia la parte mía de puertas adentro insistía con toda su fuerza de voluntad.

Una parte de mí que me decía: «Vive. Vive».

Quiero dejar constancia de que lo recuperé todo: tarjetas, llaves, reloj, dinero en efectivo, todo. No me robaron nada. No recuperé el cheque que había guardado en el bolsillo interior. Estaba manchado de sangre y la policía se lo quedó como prueba. También se quedaron con mis zapatos, por la misma razón. (Varias personas me han preguntado por qué me extrañaba tanto que ninguna de mis pertenencias hubiera desaparecido. ¿Por qué iba nadie a robar en tan terribles circunstancias? Bien, supongo que a veces estoy más desencantado de la naturaleza humana que quienes me lo preguntan. Me alegro de que mis sospechas fueran infundadas).

Alguien me presionaba el cuello. Con el pulgar, un dedo gordo que se me antojó gordo de verdad. Presionaba la herida de mayor tamaño para impedir que me desangrara. El dueño del pulgar iba presentándose a cuantos le prestaban atención. Dijo ser bombero jubilado y que se llamaba Mark Perez. O quizá era Matt Perez. Fue el siguiente de las numerosas personas que me salvaron la vida. Pero yo, en aquel momento, no pensaba en él como el bombero jubilado que era, sino como un dedo gordo que me apretaba el cuello.

Alguien –imagino que un médico– estaba diciendo: «Levántenle las piernas. Hay que hacer que la sangre fluya hacia el corazón». Y noté unos brazos que me ponían las piernas en alto. Me encontraba en el suelo con la ropa hecha jirones y las piernas apuntando al cielo. Como el rey Lear, no estaba «en plenas facultades mentales», pero sí lo bastante consciente como para sentirme... humillado.

En meses sucesivos habría muchas humillaciones más, por el lado de la anatomía. Cuando las heridas son graves, la privacidad del cuerpo queda aparcada, uno pierde la autonomía sobre su yo físico, sobre el barco en que navega. Y uno lo permite porque no le queda otra alternativa. Uno entrega la capitanía del barco para que no se vaya a pique. Uno permite que otras personas hagan lo que les plazca con el cuerpo de uno –hurgar, drenar, inyectar, coser, inspeccionar la desnudez del paciente– para mantenerlo con vida.

Me subieron a una camilla. De la camilla a otra con ruedas. Me sacaron rápidamente de la zona del backstage hacia el helicóptero que aguardaba en el exterior. Durante este proceso, el pulgar (Matt o Mark Perez) no se movió de sitio; siguió presionando la herida que tenía yo en el cuello. Una vez en el helicóptero, Pulgar y yo hubimos de separarnos.

«¿Cuánto pesa usted?».

Estaba empezando a perder el conocimiento, pero entendí que la pregunta iba dirigida a mi persona. Incluso en el lamentable estado en que me encontraba, me dio vergüenza contestar. En los últimos años había engordado de manera alarmante. Sabía que necesitaba bajar unos veinticinco kilos, pero eso era mucho y yo no había estado por la labor. Y ahora tenía que decir en voz alta la vergonzosa cifra.

Solo pude hablar a trompicones: «Noven. Tayocho».

El helicóptero era un abejorro amarillo y negro sin puertas y con un estricto límite de peso máximo. No había sitio allí dentro para don Pulgar, Mark o Matt Perez. Otro dedo, u otra persona, ocupó su puesto. Yo ya no percibía nada con claridad.

Estábamos volando. Eso sí lo supe. Sentí el aire bajo el aparato, el movimiento, la imperiosa actividad a mi alrededor. El aterrizaje fue tan suave que ni me enteré de que estábamos otra vez en tierra. Sensación de gente corriendo. Deduzco que me aplicaron una mascarilla anestésica, porque después de eso... nada.

Cuatro días más tarde la Chautauqua Institution hizo público un comunicado en el que se decía, entre otras cosas: «Habrá un considerable aumento de presencia policial en todo el recinto. Por añadidura, se van a activar estrictos protocolos de seguridad, muchos de los cuales pasarán inadvertidos tanto a residentes como a visitantes. La institución está trabajando con nuestros asesores en materia de seguridad sobre mejoras adicionales en este campo y otras consideraciones relativas a riesgos administrativos». (Diez meses después, el 15 de junio de 2023, las nuevas medidas de seguridad prometidas fueron reveladas a la prensa).

«A buenas horas, mangas verdes», se podría pensar.

Sin embargo, como habrá notado el lector atento, yo sobreviví. En la maravillosa novela *Memorias póstumas de Blas Cubas*, del brasileño Machado de Assis, el héroe epónimo revela que nos está contando una historia desde la ultratumba. No explica cómo ha sido posible, y este es un truco que no he conseguido aprender.

Así pues, como sobreviví (y sobre eso queda mucho que explicar), me es imposible eludir la querencia de mi mente por la libre asociación.

Cuchillos. Cuchillos en películas favoritas, *El cuchillo en el agua* de Polanski, una fábula sobre la violencia y la infidelidad. Cuchillos en libros favoritos. El «cuchillo sutil» de Philip Pullman, que puede practicar aberturas entre mundos y permitir a quien lo lleva atravesar realidades múltiples. Y, cómo no, el cuchillo de carnicero con que el protagonista de *El proceso* de Kafka es asesinado en la última página. «Como un perro –pensó–. Fue como si la vergüenza hubiera de sobrevivirle». Y dos cuchillos más personales.

Primero: en 1968, tras graduarme en Cambridge, me fui a vivir a casa de mis padres en Karachi (Pakistán) mientras decidía qué camino tomar en mi vida. A la sazón, el relativamente nuevo canal de televisión local solía emitir cada noche un programa en inglés, por regla general algo como un episodio de *Colombo*. El caballero que dirigía entonces Karachi TV, Aslam Azhar, era amigo de mi tía Baji (Begum Amina Majeed Malik, ilustre docente y hermana mayor de mi madre). Ella me consiguió una cita con Azhar, y yo le solté mi rollo. Si estaba dispuesto a tener una pequeña programación en lengua inglesa, le dije, por qué no emitir de vez en cuando material original en lugar de reposiciones de *Hawai 5-0* y similares. Le propuse una producción de la obra en un acto *Historia del zoo*, de Edward Albee. «Dura cincuenta minutos –dije–, o sea más o menos lo que un *Colombo*, de modo que podría sustituir al episodio de rigor. El reparto es de solo dos personajes, sin más decorado que un banco de parque. Saldría muy barato». Le convencí. Yo mismo dirigí la producción e interpreté a uno de los protagonistas. Fue un montaje lamentablemente malo y, por fortuna, no ha quedado constancia de él.

En el clímax de la obra, mi personaje tenía que empalarse sobre un cuchillo que sostenía el otro personaje. El cuchillo que me dieron no era de atrezo. La hoja no se hundía en la empuñadura. No, era un cuchillo con todas las letras y una afilada hoja de quince centímetros largos. «¿Y qué se supone que debo hacer con esto?», le pregunté al encargado de atrezo. «Actuar», me dijo.

Segundo: hace veinte años, la novela que acabaría llamándose *Shalimar el payaso* nació de una imagen aislada que no conseguía quitarme de la cabeza; era la imagen de un hombre tendido en el suelo, muerto, mientras otro hombre, su asesino, lo miraba allí de pie con un cuchillo ensangrentado en la mano. Al principio eso fue todo lo que tenía: el acto violento. Hasta más tarde no entendí quiénes eran aquellos hombres y la historia que compartían. Cuando lo analizo ahora, me estremezco. No suelo pensar que mis libros sean proféticos. A lo largo de mi vida he tenido varios problemas con profetas, y no quisiera que me colgaran ese cartel. Pero resulta difícil, pensando en la génesis de dicha novela, no ver la imagen como —y me quedo corto— un presagio. A veces la imaginación funciona de maneras que ni siquiera la mente que imagina es capaz de comprender del todo.

También la frase inicial de *Los versos satánicos* vino a sumarse a la fiesta: «Para volver a nacer —cantaba Gibreel Farishta mientras caía dando tumbos de los cielos—, antes hay que morir».

Yo tenía cuarenta y un años cuando *Los versos satánicos* salió a la venta, en 1988. Era el quinto libro que publicaba. El 12 de agosto de 2022 tenía setenta y cinco años y esperaba con ilusión la publicación de mi vigésimo primer libro, *Ciudad Victoria*.

Más de tres cuartas partes de mi vida de escritor han sucedido desde que —como yo mismo solía decir— la mierda se coló en el sistema de ventilación. Personas que sienten curiosidad por mi obra tienen mucho más donde elegir que en aquellos primeros tiempos, y a tales personas les digo que quizá deberían empezar por un libro que no fuera «ese».

Durante muchos años me he sentido obligado a defender el texto de «esa» novela y también al personaje de su autor. En ciertos círculos literarios se puso de moda decir que el libro era ilegible, que no había quien pasara de la página 15. En tales círculos la gente hablaba de un «Club de la Página 15». En el Royal Court londinense se estrenó una producción sobre el así llamado Affair Rushdie bajo el título *Iranian Nights*. La obra contenía el recurrente dicho: «Era un libro imposible de leer». Yo sentí la necesidad de defender el texto.

Además, numerosas personas destacadas y no musulmanas habían sumado fuerzas con el ataque islamista para decir lo mala persona que yo era: entre ellos estaban John Berger, Germaine Greer, el presidente Jimmy Carter, Roald Dahl y diversos peces gordos del núcleo conservador británico. Comentaristas como el periodista Richard Littlejohn y el historiador Hugh Trevor-Roper dijeron que les importaba un comino que yo sufriera un atentado. (He sobrevivido a Trevor-Roper, pero estoy casi convencido de que ahora Littlejohn se sentirá bastante satisfecho, dondequiera que esté).

Ya no siento el menor apremio de defender la novela ni a mi persona. Los escritos «In Good Faith» y «Is Nothing Sacred?», así como la autobiografía *Joseph Anton*, contienen cuanto tengo que decir sobre el particular. Por lo demás, me contento con ser juzgado por lo que he escrito y lo que he vivido. Voy a dejar clara una cosa: estoy orgulloso del trabajo que he hecho, y eso incluye *Los versos satánicos*, faltaría más. Si alguien espera encontrar alguna frase de remordimiento, es preferible que deje de leer ya. Mis novelas pueden cuidarse solas. Una de las ventajas del devenir del tiempo es que, a estas alturas, hay muchos lectores jóvenes que pueden abordar *Los versos satánicos* como una novela a la antigua usanza, no como una especie de teológica patata caliente. A unos les encanta, a otros no, y así es la vida normal y corriente de cualquier libro.

Corrección: este enfoque puramente literario dejó de ser una posibilidad ese fatídico día de agosto. Uno de los muchos aspectos molestos de lo que me pasó en Chautauqua es que, al menos durante un tiempo, si no para siempre, ha devuelto «esa» novela al territorio de lo escandaloso.

Pero ese es un tipo de relato en el que no pienso vivir nunca más.

2

ELIZA

En mi obra *Los lenguajes de la verdad* escribía, entre otras cosas, sobre cómo nació y en qué se inspiró el PEN America World Voices Festival. Para no repetirme, solo diré que si Norman Mailer no hubiera sido el presidente del PEN en 1986; si no hubiera recaudado una tonelada de dinero e invitado a Nueva York a un rutilante panel de grandes escritores de todo el mundo para celebrar aquel legendario Congreso en el que Günter Grass y Saul Bellow se las tuvieron hablando de pobreza en el South Bronx y John Updike recurrió a los pequeños buzones azules de Estados Unidos como metáfora de la libertad e irritó con su familiaridad a un segmento numeroso del público, y en el que Cynthia Ozick acusó al excanciller austriaco Bruno Kreisky (también judío) de antisemitismo por haberse entrevistado con Yasser Arafat, y Grace Paley se molestó con Norman porque había pocas mujeres en los paneles, y Nadine Gordimer y Susan Sontag mostraron su desacuerdo con Grace porque «una cosa es la literatura y otra la igualdad de oportunidades»; y si yo no hubiera sido el encandilado chico nuevo de la clase, si aquellos días intensos en el hotel Essex House de Central Park South no hubieran tenido lugar, quizá no se me habría ocurrido nunca la idea de organizar —casi cuarenta años después— una feria literaria internacional en una ciudad que tenía ferias internacionales de todo, pero todavía no de literatura. Y si no hubiera puesto manos a la obra para crear esa feria con ayuda de gente del PEN, en especial Mike Roberts y Esther Allen, y si aquello no se hubiera convertido en el exitoso equivalente literario anual del *Campo de sueños* («Si lo construyes, vendrán») para los amantes del béisbol... entonces es casi seguro que nunca habría conocido a Eliza. Pero todo eso que digo sucedió, o sea que sí, conocí a Eliza. Fue el 1 de mayo de 2017, en la sala verde de la Cooper Union, antes del acto inaugural de la feria. Quizá pasaron todas esas cosas precisamente para que ella y yo nos conociéramos; en cuyo caso, debo reconocer que nuestra buena fortuna se la debemos al señor Norman Mailer.

He sido el presidente de esta feria durante su primera década de existencia, pero luego pasé el timón a otras manos, todas excelentes, empezando por Colm Tóibín. Llegados a 2017, mi única obligación como cofundador que era, consistió en presentar el acto inaugural y recibir en el escenario a los primeros oradores: el gran poeta sirio Adonis (Ali Ahmad Said Esber) −que iba a leer en árabe− y la persona que leería la traducción inglesa de sus poemas, una poeta afroamericana a quien yo no conocía de nada: Rachel Eliza Griffiths. Fui a saludar a Adonis (en francés; él no habla nada de inglés) y me encontré con la deslumbrante sonrisa de la mujer que estaba junto a él y que me estrechó la mano presentándose simplemente como «Eliza».

Lector: hay sonrisas que uno no puede pasar por alto.

Me contó que prefería que la conocieran por el segundo nombre de pila, porque era el que su madre había utilizado siempre. De hecho, yo también prefiero usar mi segundo nombre, o sea que teníamos al menos una cosa en común. Nunca me han llamado «Ahmed», salvo mi madre cuando estaba enfadada conmigo, y cuando eso ocurría empleaba los dos nombres: «¡Ahmed Salman, ven aquí enseguida!». A lo largo de los años había confeccionado una lista mental de personas famosas que optaron por su segundo nombre de pila: James Paul McCartney, Francis Scott Fitzgerald, Robyn Rihanna Fenty, F. Murray Abraham, Lafayette Ron Hubbard,

Joseph Rudyard Kipling, Edward Morgan Forster, Keith Rupert Murdoch, Thomas Sean Connery, Rachel Meghan Markle. A veces (demasiado a menudo, quizá) sacaba a relucir mi lista en una fiesta, pero algo en la sonrisa de Eliza me advirtió de que era mejor no tomar ese camino.

«Nada de exhibiciones», me dije a mí mismo.

Una buena decisión.

Más sobre el asunto de los nombres. No tardé en descubrir que su padre y el resto de la familia, así como casi todos sus viejos amigos, la llamaban Rachel. Pero como ella me había pedido que la llamara Eliza, eso fue lo que hice y sigo haciendo. A raíz de la muerte de su madre en 2014, un acontecimiento sísmico en su vida que le sirvió de inspiración para su quinto libro de poemas, *Seeing the Body*, decidió atenerse a la versión materna. Y eso era «Eliza»; así la llamaba su madre a menudo, y por lo tanto es lo que ella quería ser y estaba en proceso de convertirse.

A día de hoy se podría decir que el marcador del partido Rachel-Eliza está en empate, pero me huelo que «Eliza» lleva las de ganar.

Ni ella ni yo tuvimos pensamientos románticos aquella noche en la sala verde. Sé que ella no, y, en lo que a mí respecta, me había divorciado hacía casi quince años y llevaba más de año y medio sin ver a nadie. No hacía mucho había estado hablando con mi hermana Sameen —un año más joven que yo, o, en su opinión, mi «hermana mucho más pequeña»— y durante la conversación ambos expresamos la opinión de que probablemente los capítulos románticos, en la vida de ambos, habían tocado a su fin. Y coincidimos en decir que no pasaba nada por que así fuera. Yo, por mi parte, vivía bien, tenía dos hijos maravillosos, un trabajo que adoraba, buenos amigos, una casa estupenda, dinero suficiente... Los malos tiempos quedaban muy atrás. Me encantaba Nueva York. Estaba bien como estaba; no me faltaba nada, no me hacía falta otra persona —una compañera, una amante— para completar el paisaje de mi vida. Lo que tenía era más que suficiente.

Es decir, yo no buscaba para nada una aventura. De hecho, *no* la buscaba con ahínco y total determinación. Pero entonces me sorprendió a traición, me dio un sopapo detrás de la oreja y me quedé sin fuerzas para resistirme.

«Así se hace», como diría el mandaloriano.

Tras el acto del PEN, al salir los asistentes a Cooper Square, vimos que bajo la pétrea mirada de la estatua de Peter Cooper estaba teniendo lugar una vigilia pacífica en apoyo al movimiento Black Lives Matter. El espíritu del joven Trayvon Martin, cuyo asesinato a manos de George Zimmerman —y el desafortunado veredicto de inocencia subsiguiente— había inspirado lo que acabaría siendo BLM, estaba también en el ambiente. Eliza y yo nos sumamos a la manifestación y sostuvimos una vela juntos. Pedí a alguien que nos hiciera una foto con mi iPhone, y ahora me alegro de conservar la imagen de ese instante pese a que allí no pasó nada, o quizá sería más exacto decir que aparentemente no pasó nada. Al cabo de un rato de sostener la vela entre los dos, cada cual siguió su camino.

El PEN había organizado una fiesta para después del acto en la azotea del hotel Bowery Standard, a poca distancia de la Cooper Union. Estuve tomando algo con Marlon James y Colum McCann en el bar de la planta baja del hotel, y luego pensé: «Creo que me iré a casa». Ellos dijeron que iban a subir a la fiesta e intentaron convencerme, sin insistir mucho. Hubo un poquito de tira y afloja, y al final accedí.

Un momento así, de cara o cruz, puede cambiar una vida. El azar determina nuestro destino tanto o más que nuestras decisiones o esos vanos conceptos como el *karma* o el *kismet*.

Nada más llegar a la fiesta en la azotea, la primera persona que vi fue Eliza, y después de eso ya no miré a nadie más. Lo que, aparentemente, no había pasado en la sala verde ni luego en la sentada, resulta que sí había tenido lugar, inadvertidamente para los dos. La conversación fluyó, y hubo en ella un toque de coqueteo por ambas partes.

Separadas por una puerta corredera de suelo a techo y doble hoja, había una zona cubierta y una terraza al aire libre. La noche era cálida y estrellada; yo propuse salir a ver las luces de la ciudad. Eliza tomó la delantera. La seguí, sin fijarme en una cosa importante, a saber, que si bien una de las dos hojas —por la que ella había salido— estaba abierta, la otra permanecía cerrada. Al avanzar, más que distraído por la presencia de aquella hermosa mujer a quien apenas conocía, y, en consecuencia, sin mirar realmente por dónde iba, creyendo que iba a franquear un espacio abierto choqué con la puerta de cristal y caí estrepitosamente al suelo. Una gran metedura de pata, la cosa más ridícula del mundo. Hay un relato de P. G. Woodehouse titulado «El corazón de un tonto». Sería un título bastante apropiado para este episodio.

La cabeza me daba vueltas. «No te desmayes —me ordené a mí mismo—. Haz el puto favor de no perder el conocimiento».

Se me habían roto las gafas y tenía un buen corte en el puente de la nariz. Eliza corrió hacia mí y empezó a limpiarme la sangre que manaba de mi nariz. Oí voces diciendo a gritos que me había caído. Un barullo considerable. Pero no me desmayé. Conseguí levantarme con un poco de ayuda y, como me sentía un tanto alterado, dije que tomaría un taxi y volvería a casa.

Eliza bajó conmigo en el ascensor. Había un taxi libre. Monté.

Y entonces lo hizo también ella.

«Y —como me gustaba decir cuando empezamos a contarles la anécdota a nuestros amigos—, hemos estado juntos desde entonces».

Otra cosa que me gustaba decir: «Eliza me dejó KO, tal como suena».

Si no me equivoco, esto sería un ejemplo perfecto de lo que en la jerga de las comedias románticas de Hollywood se conoce como *meet-cute*.

Está claro que si yo no hubiera tenido ese violento encontronazo con la puerta corredera, Eliza no habría subido a un taxi conmigo. (Ella está totalmente de acuerdo con esta afirmación). Si lo hizo fue porque estaba preocupada por mí y quería asegurarse de que yo me encontraba bien.

Llegamos a mi casa y nos pusimos a hablar. Hablamos hasta las cuatro de la mañana o así. En un momento dado, Eliza dijo que se alegraba de que pudiéramos ser amigos. Y yo contesté: «Amigos tengo de sobra. Esto es otra cosa».

Eso le causó impresión. «Oh —pensó—, tiene amigos de sobra». Por lo visto, le agradó saberlo.

Volvió a su casa en Brooklyn cuando el día empezaba a clarear. Al marcharse ella, escribí una nota para mí. «Creo que me he enamorado de Eliza. Ojalá esto sea de verdad».

Ahora que lo pienso, esta escena de comedia romántica tiene extrañas similitudes con la escena del atentado: las gafas rotas, la sangre (mucha menos, pero sangre al fin y al cabo), la caída al suelo medio aturdido, la gente agolpándose a mi alrededor entre voces y gritos. Es una especie de prefiguración cómica. Pero la gran diferencia es que esta es una escena feliz. Porque va de amor.

Una de las cosas que más me han ayudado a comprender lo que pasó, y el carácter de la historia que me he propuesto contar, es que se trata de una historia en que el odio —el cuchillo como metáfora del odio— es vencido finalmente por el amor. Quizá la puerta corredera sea una analogía de eso que llamamos el flechazo. Una metáfora del amor.

Siempre he sentido interés por escribir sobre la felicidad, en gran parte porque es algo extremadamente difícil. El autor francés Henry de Montherlant dijo aquello de «Le bonheur écrit à l'encre blanche sur des pages blanches». La felicidad escribe en blanco sobre blanco. O sea, no es posible plasmarla en la página. Es invisible. No se deja ver. Todo un reto, vaya, me dije a mí mismo. Y a mí me gustan los retos. Empecé a escribir un relato titulado «Tinta blanca sobre página en blanco». El protagonista se llamaba Henry, un tributo a Montherlant así como al Henry de los *Dream Songs* de John Berryman. Quería que mi Henry sufriera de felicidad como la gente sufre de enfermedades incurables, o de estupidez. Pensé en el *Cándido* de Voltaire y quise que ese Henry mío creyese —a la manera de Cándido— que vivía en el mejor de los mundos posibles. Luego pensé que no podía tratarse de una persona de color, si era tan feliz. Tenía que ser forzosamente blanco.

Escribí este párrafo inicial: «Henry White era blanco y era feliz. Durante mucho tiempo, poco más se pudo decir de él. Siempre estaba rodeado de personas con alguna desdicha digna de ser contada, pero Henry estaba satisfecho y, en consecuencia, era como un espacio en blanco. Nadie sabía a qué atenerse con él. Había sido blanco y feliz desde el día de su nacimiento. No obstante, Henry no se consideraba blanco, porque blanco era el color de quienes consideraban que no era importante pensar en el color de uno, porque ellos eran personas y nada más; el color era asunto de consideración para los otros, los que no eran simplemente personas. Ser feliz era algo natural en Henry, por tratarse de un ser humano cuya felicidad nadie había saboteado y que se consideraba con derecho a perseguirla, tal como la Declaración le había garantizado mucho antes de que él naciera. Al lado del buzón, en el camino rural de Nueva Inglaterra donde estaba su casa, un poco más abajo de la del dentista con su rótulo pintado de blanco en el jardín de delante —Tooth Acres—, Henry había colocado un poste de madera con su propio rótulo: HOGAR FELIZ». (Mi tía Beji vivió también en una casa que se llamaba Hogar Feliz, hará un millón de años, en Deepchand Ojha Road, Karachi [Pakistán]).

Lo dejé así. Puede que termine el relato o puede que no. He pensado mucho en Henry, tanto en el de Berryman como en el mío.

Una vez, en lo más alto de un sicomoro,
canté de contento,

explica Berryman en la primera «Dream Song». Y más adelante sale el Henry indio:

y Henry era feliz y no cabía en sí de entusiasmo.
No cabía en sí, en sus posibilidades;
saludando las horas de una mañana medio ciega
mientras los chorreantes leprosos le devolvían el saludo.

Yo deseaba hacerle cosas horrendas al Henry de mi *Cándido*: quería que sus padres murieran, que perdiera toda su fortuna, que su bella Cunegunda lo abandonara y que luego cogiera la sífilis y se le cayeran los dientes (a ella, digo). Quería dejarlo al borde de la muerte en el terremoto de Lisboa, y que los leprosos le robaran y se mofaran de su desdicha. Quería que lo sacaran a golpes de la armadura que su condición de blanco le había dado y que mirara al mundo con ojos no-blancos y convertirse así en Henry Nonwhite [No-blanco]. Si después de todo eso seguía siendo feliz, si le bastaba con cuidar del huerto, entonces su felicidad –la felicidad en general, tal vez– era una forma de demencia para simples. Un engaño. Como el mundo es monstruoso, la felicidad es un embuste. Quizá, después de todo, la cosa tendría un final similar al del Henry de Berryman, un puente desde el que saltar y adiós muy buenas.

Al menos, una felicidad disparatada como esta seguramente no escribiría en blanco.

No he terminado el relato e ignoro si algún día lo haré, pero sigue vivo en algún recoveco de mi cerebro.

Creo que dejé de trabajar en ello porque, gracias a aquel encuentro fortuito con Eliza, me sucedió una cosa inverosímil: me volví feliz. Ahora la felicidad era mi historia, no solo la de mi personaje, y desde luego no escribía en blanco. Era muy tonificante.

Fui feliz –fuimos felices– durante más de cinco años. Luego, algo parecido a esas desgracias de las que me había propuesto hacer víctima a Henry se cebó en mí. ¿Podría, nuestra felicidad compartida, sobrevivir a semejante golpe? Y, en caso afirmativo, ¿sería acaso un engaño, una manera de apartar la vista de lo monstruoso del mundo, algo que el cuchillo había puesto tan en evidencia? ¿Qué significaría –qué efecto tendría en nosotros– dejar de ser felices?

El 12 de agosto de 2022 estas preguntas me habrían sonado absurdas, de haber pensado en ellas. Aquel día, todo apuntaba a que de mi persona no quedaría nada vivo.

Eliza era bella, pero su relación con la belleza, me explicó, era complicada. Adoraba a Rilke, quien pensaba que «la belleza no es más que el comienzo del terror que aún somos capaces de soportar, y la veneramos porque desdeña serenamente acabar con nosotros».

Ella estaba hecha de belleza y terror a partes iguales. Encargué todos sus libros, leí sus poemas y comprendí que su talento, su personalidad, su manera de estar el mundo, eran excepcionales. Escribió:

Soy una forajida
cuya sombra baila. Mi vida demasiado rauda para herirla. Qué
nombre se les da a quienes recolectan lo bello.

Me sentí como Alí Babá aprendiendo las palabras mágicas que abrían la cueva del tesoro –«Ábrete, Sésamo»–, y allí, tan deslumbrante, estaba el tesoro: era ella.

Tuve la suerte de que también Eliza pensara bien de mí. Años más tarde, su padre le preguntó cómo nos enamoramos y ella le dijo que poco después de conocernos estábamos cenando en un restaurante y ella se descubrió pensando que lo que más deseaba era pasar el resto de su vida en compañía de ese hombre. Así pues, ambos dimos y recibimos amor. No hay mejor intercambio de regalos que este.

Todo fue muy rápido. Nuestras vidas demasiado raudas para ser heridas. Pocas semanas después ya estábamos viviendo juntos pese a que ambos, bien mirado, estábamos heridos. (Yo, por mi parte, lucía las heridas de guerra de mi propio escabroso pasado romántico). Nuestros amigos nos aconsejaron precaución. Los de ella, que habían leído cosas feas y falsas sobre mí en los medios, la previnieron contra mí. Los míos, que habían visto lo mal que lo había pasado anteriormente, me preguntaban nerviosos: «¿Estás seguro?». Supongo que es inevitable que ocurra cuando el amor que nace no es el primer amor, no un amor de juventud, no un amor inocente, sino el resultado de una dura experiencia. «Tened cuidado —nos advierte el mundo—. No lo paséis mal otra vez».

Pero Eliza y yo seguimos adelante, barcos contra la corriente. Algo muy intenso se había abierto paso en nuestra vida, y ambos lo sabíamos. Con el tiempo, ella conoció a mis amigos, yo a los suyos, y las advertencias no salieron más a relucir. Unas seis semanas después de mi encontronazo con la puerta corredera, fuimos a un restaurante chino en Tribeca en compañía de la que era su amiga íntima, la poeta Kamilah Aisha Moon, autora de dos aclamados libros de poemas, *Starshine & Clay* y *She Has a Name*. Aisha (otra usuaria del segundo nombre de pila), era mayor y más melancólica que Eliza (la llamaba Rachel), pero de hecho eran como hermanas. Aisha y yo hicimos buenas migas; fue una velada muy agradable y con muchas risas. Entonces Eliza se levantó para ir al servicio, y segundos después Aisha se inclinó hacia mí, me miró a los ojos y me dijo, con inmensa seriedad: «Haz el favor de tratarla bien».

Pronto descubrí que el mundo de los poetas era mucho más íntimo que el de los novelistas. Los poetas parecían conocerse todos entre sí, leerse unos a otros, salir juntos por ahí, hacer lecturas y actos cada dos por tres. Los poetas se llamaban por teléfono a altas horas de la noche y cotilleaban hasta que despuntaba el día. Para un novelista que se tiraba años a solas en una habitación y que solo de vez en cuando asomaba la cabeza por el parapeto, los poetas le parecían asombrosamente gregarios, una familia muy numerosa, una comunidad fraternal. Y dentro de la gran comunidad de poetas, el círculo de poetas negros se antojaba más íntimo aún, con mayor respaldo si cabe entre sus miembros. ¡La de cosas que sabían unos de otros! Evidentemente, había menos dinero en la poesía que en la prosa (a no ser que fueras Maya Angelou, o Amanda Gorman, o Rupi Kaur), y se diría que la «pequeñez» económica de dicho mundo generaba conexiones humanas más profundas. Eso resultaba envidiable.

Cruzar la frontera entre Villapoesía y Prosalandia suponía a menudo poner el pie en Biografistán. Actualmente las autobiografías son ya una forma de arte mayor; permiten la reelaboración de nuestra percepción del presente gracias a las experiencias personales, el extraordinario pasado, del memorialista. (Por poner solo un ejemplo reciente, *How to say Babylon*, de Safiya Sinclair, es una autobiografía espléndidamente escrita sobre criarse en Jamaica y la necesidad de romper con un tiránico padre rastafari).

Eliza era diferente. Ella, me dijo, siempre había querido escribir novelas; cuando empezó a soñar con ser escritora, esa fue su aspiración. Siempre había escrito ficción, antes incluso de empezar con la poesía, de hecho; pero ahora, con cinco poemarios a sus espaldas —cuatro ya publicados cuando nos conocimos, y el quinto, *Seeing the Body*, en camino—, le tocaba dar un paso al frente como novelista.

Enseguida me enteré de que estaba muy bien considerada entre sus colegas. Aun así, yo también creía a medias eso que se dice de los poetas, que no hay muchos que se salven cuando dan el salto a la novela. (Sabía que era un hecho consumado que hay muy pocos novelistas capaces de dar el salto a la poesía. Yo he publicado un único poema en toda mi vida.

y mejor no decir más al respecto). O sea que cuando Eliza me dijo que había concluido el primer borrador de una novela, me puse bastante –digamos– nervioso.

Ella también estaba nerviosa, hasta el punto de que tardó en dejarme leer el borrador. Ambos sabíamos que era casi imposible que dos escritores estuvieran juntos si no nos gustaba la obra del otro, y cuando digo «gustaba» me refiero a gustar de verdad, a encantar incluso. Finalmente me pasó el manuscrito y, para alivio mío, puedo decir con la mano en el pecho que me impresionó. Poco tiempo después supe que era también una fotógrafa excepcional y una gran bailarina, que sus buñuelos de cangrejo eran de leyenda, y que además sabía cantar. A mí nadie ha querido oírme cantar ni verme bailar, ni nadie ha querido comer mis buñuelos de cangrejo. Como yo solo sé hacer una cosa, sus múltiples talentos me dejaron boquiabierto. Estaba claro que la nuestra no era simplemente una relación entre iguales; era, antes bien, una relación en la que el menos «igual» era yo, y de largo. O mejor aún: no era una relación de competencia sino de total apoyo mutuo.

La felicidad, vaya.

Hay un tipo de felicidad profunda que prefiere la privacidad, que florece lejos de la mirada pública, que no requiere la validación ajena: una felicidad que es solo para los felices, que es –por sí sola– suficiente. Yo estaba harto de que personas desconocidas juzgaran y diseccionaran mi vida privada, cansado de la malicia de las lenguas viperinas. Eliza era, y es, una persona muy discreta, su principal preocupación en cuanto a estar conmigo era tener que renunciar a su privacidad y ser pasto de los focos. Yo llevaba viviendo demasiado tiempo bajo esa implacable iluminación sin sombras, y no la quería tampoco para ella. No la quería para mí.

En los tiempos surrealistas que vivimos, la idea de privacidad ha pasado de ser algo que atesorar a convertirse, al menos en Occidente y sobre todo entre la gente joven, en una cualidad exenta de valor (o directamente indeseable). Si algo no llega al público, es que no existe. Tu perro, tu boda, tu playa, tu bebé, tu cena, esos memes que has visto recientemente... todas estas cosas necesitan, a diario, ser compartidas. En India, la privacidad es un lujo de los ricos. Los pobres, que viven en espacios pequeños y superpoblados, nunca están solos. Muchos ciudadanos pobres de ese país se ven obligados a hacer las cosas más privadas, sus funciones corporales, en el exterior. Para gozar de una habitación propia se necesita tener dinero. (Creo que Virginia Woolf no llegó a visitar la India, pero su máxima sigue vigente incluso allí, incluso para los varones).

La escasez crea demanda, y en la mayoría pobre del mundo una habitación propia —sobre todo para las mujeres— sigue siendo una aspiración. Pero en el codicioso Occidente, donde la *atención* se ha convertido en la cosa más deseada, donde la búsqueda de *seguidores* y de *likes* es la nueva glotonería, la privacidad se ha convertido en algo superfluo, no deseado, absurdo incluso.

Eliza y yo decidimos ser gente privada.

Eso no significa que mantuviéramos nuestra relación en secreto. Mi familia lo sabía, la de ella también. Sus amigos lo sabían, igual que los míos. Salíamos a cenar juntos, íbamos al teatro, animábamos a los Yankees cuando jugaban en el Stadium, íbamos a galerías de arte, brincábamos en conciertos de rock. Resumiendo: llevábamos la vida normal de unos neoyorquinos. Pero nada de redes sociales. Yo no le daba un like y ella no me lo daba a mí. Como resultado, conseguimos pasar desapercibidos durante cinco años, tres meses y once días.

Demostramos así, creo, que incluso en estos tiempos tan adictos a la atención, era posible tener una vida felizmente privada sin ocultarnos de casi nadie.

Y entonces vino el cuchillo e hizo trizas esa clase de vida.

El *provost* (o sea, el «presidente») del King's College, Cambridge, cuando yo estudiaba allí a los veinte años, era el eminente antropólogo Edmund Leach. Ese año, 1967, el del legendario Verano del Amor, de *be-ins* en Haight-Ashbury y flores en el pelo, Leach impartió las prestigiosas conferencias Reith en la BBC. Se hicieron famosas por una frase en concreto: «La familia, con su mezquina privacidad y sus secretos de pacotilla, es el origen de todas nuestras insatisfacciones».

El de 1967 fue un mal año para el concepto de familia, pues una generación joven –la mía– optó por colocarse, sintonizar y pasar de todo (como recomendaba Timothy Leary). O bien, en Estados Unidos cuando no en Gran Bretaña, tuvo que alistarse y fue enviada al Vietnam a los sones de aquella famosa canción de Country Joe and the Fish, «I-Feel-Like-I'm-Fixin'-to-Die Rag» («Sed los primeros del barrio / en tener a vuestro hijo de vuelta en una caja de pino»). Las familias se desmembraban bajo el influjo colectivo de las drogas psicodélicas, las protestas políticas y la «contracultura», para consternación de conservadores del mundo entero; de modo que la conferencia de Leach, pronunciada en el corazón mediático del establishment británico, fue para algunos como un gesto subversivo, una llamada a la revolución.

En cuanto a mí, yo no me llevaba bien con mi padre, que se había convertido en un borracho huraño y otras cosas. Mis hermanas y yo habíamos oído sus broncas nocturnas, pero nuestra madre siempre había procurado protegernos de ellas. Sabíamos que lo mejor era evitar a nuestro padre a partir de determinada hora. Si le veíamos los ojos rojos en el desayuno, sabíamos que era mejor guardar silencio. Pero raramente, por no decir nunca, habíamos experimentado toda la potencia de su ira etílica. En enero de 1961 volé con mi padre a Inglaterra para iniciar mi vida en el internado, y antes de empezar el trimestre estuvimos varios días en Londres. Compartíamos habitación en el hotel, y enseguida vi que un tal Johnnie Walker (Etiqueta Roja) iba a compartirla con nosotros.

Aquellas frías noches en el hotel Cumberland fueron traumáticas. Mi padre me despertaba de madrugada –Johnnie y él habían tocado fondo de botella– y me insultaba con palabras que no le había oído pronunciar jamás, que no sospechaba que él supiese siquiera, menos aún que las empleara contra su hijo mayor y el único varón. Yo no pensaba más que en alejarme de él, y ya no hubo vuelta atrás. Cuando me gradué por Cambridge en 1968, mi padre no vino a la ceremonia y tampoco les pagó el viaje a mi madre y mis hermanas. Allí estaba yo, en el césped de King's College, con mi diploma en la mano, solo, entre familias felices que congratulaban a mis compañeros de graduación.

La fuente de todas las insatisfacciones, pensé. Sí, señor.

Decidí buscarme la vida en Inglaterra. Durante mucho tiempo, después de la graduación, la vida familiar (mejor dicho, buscar estabilidad en ella) fue complicada para mí. Hubo matrimonios, divorcios. Mi padre murió, y en la que sería su última semana de vida se produjo una importante, si bien breve, reconciliación. Pero este no es lugar para meter las narices en esas mezquinas intimidades ni para divulgar secretos de pacotilla. Solo diré esto: sin las desgracias de nuestros días pasados no seríamos lo que somos ahora.

Para cuando conocí a Eliza, un pequeño núcleo familiar se había solidificado ya a mi alrededor: mis dos hijos, mi hermana y sus dos hijas, y una generación que estaba en camino. Mi vida giraba en torno a ellos, reforzada si cabe por la inestabilidad de años anteriores. Y tanto unos como otras quedaron prendados de Eliza. No habían mostrado tanto entusiasmo con un par de mujeres que la habían precedido. (Mi hijo Milan es la clase de joven que dice lo que piensa. «Papá –me dijo un día–, tienes muchas amigas, todas increíbles, inteligentes, cariñosas, y me gustan de verdad». Luego, tras una cómica pausa perfectamente medida: «¿Por qué no sales con mujeres así?»).

Pero cuando él y el resto de la familia conocieron a Eliza, me dijo: «¡Por fin!». (A raíz de este comentario, Eliza me hizo hacer unas camisetas con la leyenda POR FIN estampada en ellas).

Cuando conocí a la familia de Eliza —su padre, sus tres hermanos con sus parejas—, estaba muy reciente la dolorosa pérdida de Michele, la madre de Eliza. Pero era una familia unida, se querían mucho y estaban pendientes los unos de los otros, cada uno de sus miembros gente de talento en muchos sentidos. Eliza es la mayor de cuatro. Su hermano Chris se convirtió en socio de su bufete antes de cumplir los cuarenta, y actualmente es el primer y único negro en la magistratura del Tribunal Supremo de Delaware; su hermano Adam es un talentoso artista visual y novelista gráfico (*Washington White*); su hermana, Melissa, ha trabajado con éxito en el mundo de las finanzas. El padre, Norman, ya jubilado, hizo carrera como político local en su ciudad natal de Wilmington (Delaware) y fue elegido para múltiples legislaturas.

Me sentí acogido por todos ellos. Norman le dijo a Eliza que nunca la había visto tan feliz, y que, si el motivo era yo, entonces le parecía estupenda nuestra relación. Melissa era del mismo parecer. «Se nota lo feliz que eres —le dijo un día a Eliza—. Os lleváis realmente bien, tú y él».

¡Yo le gustaba a su familia! ¡Ella le gustaba a la mía! Nuestra felicidad estaba bien arraigada en esa fortaleza que la familia puede aportar. Me olvidé de Edmund Leach. La familia ya no era la fuente de mis insatisfacciones.

Pero...

¿Era posible —era incluso adecuado o ético— hablar de felicidad en medio de una pandemia? Eliza y yo cogimos el virus justo al principio, en marzo de 2020. Por suerte, nos recuperamos bien. No fue fácil. A mí me dio fuerte, y luego se contagió ella, pero en vez de rendirse a la enfermedad, siguió ocupándose de mí. Después, ya curados, me dijo: «Hubo días que pensé que no lo contábamos, que quizá habíamos llegado al final del camino». Pero lo contamos, sí. Cada noche había concierto de cacerolas para agradecer el trabajo de los médicos y sanitarios que habían estado en primera fila.

Nosotros nos unimos para celebrar, también, que habíamos sobrevivido.

Después de aquello, el ángel exterminador empezó a llamar a todas las puertas. En aquel momento nadie sabía cómo combatir al covid-19. Médicos y enfermeras trabajaban a destajo, y también ellos morían. Los hospitales eran sitios a los que uno iba para morir. Cuando te enchufaban a un respirador, tenías muy pocas posibilidades de salir con vida.

El 12 de agosto de 2022 supe yo también lo que era estar enchufado a un respirador. Me fue imposible no pensar entonces en la tremenda y gigantesca tragedia de la pandemia.

Eliza perdió a dos tíos suyos por el coronavirus. Yo no perdí a ningún familiar, pero un amigo muy querido murió pronto, y otros muchos sobrevivieron por los pelos. Natalie, mi nuera, la esposa de Zafar, tuvo que ser hospitalizada y hubo momentos en que pensamos que no lo superaría. Su recuperación, aunque supuso un enorme alivio, fue larga y lenta. Y durante dos años —que se nos antojaron siglos— yo no pude ir a Londres para ver a los míos, ni ellos venir a verme a Nueva York.

Murieron millones de personas, y yo aquí venga a hablar de felicidad. Porque, aparte de la pandemia, el mundo estaba en crisis. Estados Unidos partido en dos por la derecha radical, el Reino Unido en pleno desbarajuste, India hundiéndose a marchas forzadas en el autoritarismo, la libertad amenazada en todas partes tanto por la izquierda biempensante como por los conservadores en su papel de Inquisición literaria, el planeta mismo en horas bajas, refugiados, hambre, sed, la guerra en Ucrania. Decir, en este momento histórico, «Soy feliz», ¿no era acaso un lujo?, ¿una forma de ceguera autoinflingida, obstinada, egoísta? ¿No era de eso exactamente de lo que Henry White, el personaje de mi relato inacabado, era culpable?, ¿de felicidad como privilegio, como conducta asumida sin reflexión por su cara bonita (la de Henry)? ¿No era acaso una forma de dar la espalda a la realidad para regodearse en un prejuiciado solipsismo de mirarse el ombligo? ¿Qué derecho le asistía a nadie de reivindicar la verdadera felicidad en un mundo abocado a una infelicidad terminal?

Y, sin embargo, el corazón lo tenía muy claro e insistía.

El 1 de mayo de 2021, sábado, Eliza y yo celebrábamos nuestro cuarto aniversario. La pandemia no nos dejó muchas alternativas, de modo que nos decidimos por una pequeña estancia en un hotel con vistas al parque. Nos pasaron a una suite mejor, en la vigesimoquinta planta; la vista era espectacular. Una noche, después de cenar, ella me recordó, un tanto indecisa, que hacía unos meses yo le había preguntado por el tamaño de su dedo anular: ¿era algo que tenía interés en saber, sin más, o hubo un propósito concreto en mi pregunta?

«Espera un momento —le dije—. Vuelvo enseguida». Y fui al dormitorio.

Eliza se quedó medio preocupada por mi mutis, que acompañé con un rostro inexpresivo. ¿Había metido la pata hasta el fondo?, se preguntó. Entonces volví, le entregué un pequeño estuche de color morado y le dije que allí estaba la respuesta. Es una de las pocas veces en que he conseguido sorprenderla de verdad.

Así fue como nos prometimos, a no sé cuántos metros de altura sobre Central Park, y por más que el mundo estuviera hecho un asco, nadie podía decirnos que no éramos la mar de felices y más.

—Eres mi alma gemela —dijo.

—Eres mi alma gemela —contesté.

El método para celebrar una boda privada en la era de la privacidad cero: 1) No hacerlo en Nueva York. 2) Hacerlo en Wilmington, donde Eliza vivió de pequeña, y así nadie reconoce tu nombre. Cuando fuimos a obtener la licencia matrimonial, la mujer que atendía anotó mi nombre sin pestañear. Tuve que deletreárselo de la primera a la última letra. 3) Invitar a tus amistades a una bonita ceremonia a mediodía y decir: «Nada de redes sociales».

Ya está.

Nos casamos el 24 de septiembre de 2021, viernes. Todos los amigos y familiares estaban al corriente, pero nadie más. Conseguimos mantenerlo en secreto durante casi un año, y probablemente habría seguido así si no hubiese sido por el cuchillo.

Fue un día precioso. El tiempo, nuestros amigos, la ceremonia, el júbilo. Juntamos las dos tradiciones: intercambiar guirnaldas (india) y saltar sobre un palo de escoba (afroamericana). Ella me habló con lirismo, siendo la poesía su superpoder, y yo, para estar a la altura, incluí en mi mucho más prosaica alocución el poema de e. e. cummings «i carry your heart with me(i carry it in)»:

llevo tu corazón conmigo(lo llevo en mi
corazón)nunca estoy sin él(tú vas dondequiera
que yo voy,amor mío);y todo lo que hago
por mí mismo lo haces tú también,amada mía
                                    no temo
al destino(pues tú eres mi destino,mi amor)no deseo
ningún mundo(pues hermosa tú eres mi mundo,mi verdad)
y tú eres todo lo que una luna siempreha sido
y todo lo que un sol cantará siempre eres tú

he aquí el más profundo secreto que nadie conoce
(he aquí la raíz de la raíz y el brote del brote
y el cielo del cielo de un árbol llamado vida;que crece
más alto de lo que un alma puede esperar o una mente puede
                                                    ocultar)
y este es el prodigio que mantiene a las estrellas separadas

llevo tu corazón(lo llevo en mi corazón)

Mi familia no estuvo presente en la boda, porque en ese momento Estados Unidos no permitía la entrada de extranjeros en el país debido al coronavirus. Llevamos un portátil a la ceremonia y lo colocamos en un estrado ad hoc, para que pudieran verlo todo desde Londres en esa cosa nueva llamada Zoom que se había convertido en una herramienta esencial. Amigos y familiares tomaron la palabra: fue divertido y emotivo. Aracelis Girmay, hermana de Eliza y también poeta, leyó un collage con fragmentos de muchos poemas. Tras lo que Hemingway habría llamado quizá un buen almuerzo (comimos con gran apetito, y la comida estaba buena), fuimos a los exquisitos jardines de Marian Coffin en la finca de una casa enorme llamada Gibraltar, que ahora estaba desierta y ruinosa —éramos Eliza y yo, la familia de ella, un fotógrafo y el ayudante de este— para obtener unas imágenes del día señalado. Al cabo de un par de días estábamos en Londres para una pequeña celebración posboda a la que asistieron mi familia y amigos íntimos de aquel lado del charco. Fue como el inicio de una nueva vida, la definitiva.

Pero la catástrofe nos estaba esperando...

Milán, Cerdeña, Capri, Amalfi, Roma, Umbría. El verano de 2022. Tras el largo retiro obligado, Italia fue como un milagro, un viejo amigo que nos acogía con un cálido abrazo. Bueno, más que cálido. Había una ola de calor y los ríos se secaban. Al mediodía era imposible salir. Pero Italia te renueva, como si te despojara de lo viejo y usado que llevas encima. Italia era sonrisa y era fiesta. Italia era música. Estuvimos allí un mes. En Milán fuimos a cenar a un sitio que yo había frecuentado en tiempos, el restaurante Rigolo en el barrio de Brera, y fue bonito que los dueños se acordaran de mí. Estando en Cerdeña celebré mis setenta y cinco años en casa de unos buenos amigos; el paisaje rocoso me hizo pensar en el mundo de la novela que estaba terminando de escribir, y nuestro anfitrión, Steve Murphy, me hizo el regalo de cantar para mí una de mis canciones preferidas de Bob Dylan, «Love Minus Zero / No Limit», acompañándose a la guitarra bajo la noche estrellada. En Amalfi y Ravello visitamos a otros viejos amigos, Alba y Francesco Clemente, coincidiendo con la noche de la Fiesta de Sant'Andrea. En 1544, el santo había provocado una tempestad que destruyó la flota sarracena enviada para conquistar la ciudad, y seguía siendo el patrón de los marineros. Primero unos hombres llevaron la estatua del santo hasta la orilla en su palanquín para bendecir las embarcaciones. Luego recorrieron con el santo las calles de la ciudad para terminar subiendo los empinados escalones de la catedral, con el palanquín a hombros: un solo paso en falso habría supuesto la catástrofe, pero no hubo ni lo uno ni lo otro. Después hubo fuegos artificiales, que nosotros vimos desde la terraza de la casa de Alba, en la colina desde la que se domina el centro de la ciudad, y fue como si el estruendoso despliegue pirotécnico estuviera a dos pasos de nosotros. En Roma hacía tanto calor que no podías moverte, y le compré un abanico a Eliza (en Milán le había comprado un bolso). Ya en Umbría estuvimos en un famoso retiro para escritores, el Civitella Ranieri, que se celebraba en un castillo del siglo XV perteneciente a la familia en cuestión. De hecho, tenían un segundo castillo, que era su residencia habitual, de modo que este era «el otro» castillo, pero a nosotros nos pareció una maravilla. La reunión fue fructífera e hicimos nuevos amigos. De día escribíamos, y por la noche había buena comida, buen vino y buena conversación hasta bien entrada la noche. Jugué al ping-pong con escritores a quienes doblaba en edad y no me puse en evidencia. Un día visitamos Arezzo, vimos los frescos de Piero della Francesca y fuimos a rendir nuestros respetos a la estatua de Guido d'Arezzo, el inventor del moderno sistema de notación musical, el pentagrama y las claves y todo eso. Corregí las galeradas de *Ciudad Victoria* y me sentí a gusto.

Volvimos a Norteamérica, arrancados a la fuerza de aquel italiano abrazo, porque Eliza había creado imágenes en foto y vídeo como entorno visual de *Castor and Patience*, una ópera nueva compuesta por Gregory Spears con libreto de la poeta Tracy K. Smith. La ópera iba a estrenarse en Cincinnati el jueves 21 de julio. Después de un castillo en Italia, Cincinnati era un cambio bastante radical, pero el estreno fue bastante bien y el trabajo de Eliza recibió elogios. Después de aquello, a la vida que estábamos llevando solo le quedaban veinte días. Empecé a hacer planes para ir a Londres y ver a mi familia. El jueves 28 de julio hice unas correcciones de última hora a las pruebas de *Ciudad Victoria* y el texto quedó listo para ir a imprenta. Vimos a unos cuantos amigos. El 9 de agosto, martes, leímos que Serena Williams pensaba retirarse después del Open de Estados Unidos. Fin de una era, pensamos Eliza y yo, como todo el mundo. Aquella noche soñé con el gladiador que me atacaba. El miércoles 10 de agosto fuimos a cenar a Al Coro, un restaurante italiano.

Las pequeñas cosas de la vida cotidiana.

Y luego, el jueves 11 de agosto por la mañana, partí yo solo desde el JFK rumbo a Buffalo, y una vez allí una señora muy agradable, Sandra, me llevó en coche hasta Chautauqua bordeando el lago Erie.

El plan era que Eliza iría a ver a su familia a Delaware y yo pasaría una semana en Londres y vería a la mía. Pero al final ella decidió quedarse en Nueva York y darme una sorpresa a mi regreso de Chautauqua para que pudiéramos pasar una noche juntos antes de cumplir con nuestros respectivos deberes familiares. Mientras tanto, en Londres, mis hijos Zafar y Milan, mi hermana Sameen y mis sobrinas Maya y Mishka, esperaban con ilusión mi inminente llegada. Zafar le decía a su hija Rose, que aún no tenía dos años, que pronto vería al abuelo y que este iría a verla chapotear durante la clase de natación. Mis editores en Random House me habían programado un encuentro por Zoom a mi regreso para hablar de los detalles del lanzamiento de la novela. Todo iba bien.

Y entonces el mundo explotó.

Eliza recibió una llamada de su amiga Safiya Sinclair a media mañana, preguntándole con voz temblorosa si estaba bien. Así fue como Eliza se enteró de que yo había sufrido un atentado. Y luego se puso a gritar al ver la línea inferior de texto en la pantalla del televisor, la CNN confirmando la noticia. Durante horas y más horas apenas si hubo información, ni detallada ni fidedigna. El teléfono no paraba de sonar. El Rumor ocupó el lugar del Hecho, lo que no hizo sino aumentar la angustia de Eliza. Yo estaba muerto. Me habían acuchillado pero aún vivía. Me había levantado sin mayores problemas y me encontraba bien...

En el lejano Londres, que de pronto parecía más distante que nunca, como si el océano Atlántico se hubiera hecho más ancho en un instante, mi familia trataba asimismo de conseguir noticias, horrorizados como estaban. Telefoneaban a Eliza y Eliza los telefoneaba a ellos y nadie estaba seguro de nada. Al principio, los contactos de Zafar no tenían nada claro: me habían apuñalado cinco veces, diez veces. No, me encontraba bien. No, me habían asestado quince puñaladas. En Londres la tarde tocaba a su fin, y mientras muchos de mis familiares se congregaban en casa de Sameen, simplemente para estar juntos, poco a poco se fue sabiendo la verdad.

Me habían llevado en helicóptero al hospital más cercano. Las probabilidades de que sobreviviera eran escasas. Las próximas veinticuatro horas serían decisivas.

En Nueva York, Eliza estaba buscando la manera de llegar lo antes posible adonde yo estaba. Su teléfono ardía. Aquello era un pandemónium.

Alguien la llamó (después, Eliza no pudo recordar quién) y le dijo que se diera prisa porque seguramente yo no iba a salir de esta. El mundo de Eliza se desintegraba por momentos. La vida de amor que habíamos construido en los últimos años había llegado a un violento final. Una pesadilla había cruzado la frontera entre sueño y realidad. El mundo que ella imaginaba se había hecho añicos.

En su estupendo libro *Si esto es un hombre*, Primo Levi nos dice que «la felicidad perfecta es inviable», pero, propone, también lo es la infelicidad perfecta. En aquel momento, Eliza habría dicho que Levi se equivocaba. Infelicidad Perfecta era el nombre del país donde ella vivía ahora.

Eliza habló con nuestros agentes literarios, Andrew Wylie y Jin Auh. Andrew estaba llorando. Éramos amigos desde hacía treinta y seis años, y en el huracán que me alcanzó tras la publicación de *Los versos satánicos* y la fetua de Jomeini, él había sido mi mayor y más leal aliado. Habíamos librado juntos aquella guerra, ¿y ahora esto? Era demasiado. Pero tocaba pasar a la acción, no a las lágrimas. Le dijeron a Eliza: «Tienes que ir allí ahora mismo». En coche eran siete horas o más. Ella no disponía de tanto tiempo. Tenía que ser en avión.

No somos el tipo de personas que alquilan reactores privados. No tenemos tanto dinero. Pero en aquel momento el dinero era lo de menos, lo único que importaba era llegar. Tira de tarjeta de American Express y luego ya pensarás en el dinero. Andrew y Jin le consiguieron un vuelo a Eliza. El avión esperaba en un aeródromo de White Plains (Nueva York). Costaría más de veinte mil dólares. Y qué.

«Ve», le dijeron.

Y Eliza fue, acompañada por su hermana Melissa y el marido de esta, Eumir Brown, un agradable profesor de Brooklyn. Y, durante todo el trayecto, llevó consigo la carga de lo que le habían dicho por teléfono —«No va a salir de esta»—, palabras para las que no había consuelo posible.

Mientras tanto, en Washington D. C., su hermano Adam y su marido, Jeff Leasure, montaron en su coche y pusieron rumbo hacia el noroeste conduciendo lo más rápido que podían. Paralelamente, en Wilmington, su hermano Chris se puso al volante de su coche camino del lago Erie, conduciendo lo más rápido que podía.

Así era nuestra familia. Eliza (para ellos, Rachel), era un ser muy querido, lógicamente. Pero yo ahora también formaba parte de su familia, y por eso hicieron lo que hicieron, tanto por mí como por ella.

La policía del estado de Nueva York no paraba de llamarla. La policía del estado de Pensilvania no paraba de llamarla. El helicóptero me había trasladado al UPMC Hamot, a cincuenta y seis kilómetros de Chautauqua, en Erie (Pensilvania), «el único centro de traumatología acreditado en la región», según la información de su página web, y por lo tanto el único lugar donde podían conseguir que yo sobreviviera.

«No va a salir de esta».

Cuando el avión tomó tierra, había vehículos de seguridad por todas partes. A estas alturas la noticia estaba ya en todos los medios de comunicación. Habían organizado una operación de máxima seguridad, tanto en el aeropuerto como en el hospital. Eliza, Melissa y Eumir fueron conducidos a un coche patrulla y llevados a Hamot. Apenas nadie dijo nada. «No quieren decirme que ha muerto —pensó Eliza—. Me llevan a ver el cadáver de mi marido».

Yo no había muerto. Estaba en el quirófano, con un equipo de cirujanos trabajando simultáneamente en las diversas heridas de mi cuerpo. El cuello, el ojo derecho, la mano izquierda, el hígado, el abdomen. Los tajos en mi cara —frente, mejillas, boca— y en el tórax. La operación duró unas ocho horas.

Y al final me pusieron en un respirador, pero no estaba muerto.

Estaba vivo.

Un año más tarde mi nuera, Natalie, me envió unas notas que había escrito, pocas semanas después del atentado, sobre las primeras veinticuatro horas. Cuando Zafar se enteró de lo que había pasado, decía Natalie, se quedó anonadado. «Algo se le desencajó por dentro». Hacia las doce de la noche, hora de Londres, Eliza les había llamado desde el hospital. Estaba con el especialista y activó el manos libres. El especialista dijo que se prepararan para lo peor, pues las probabilidades de que yo sobreviviera eran mínimas. Mientras refería con detalle mis heridas, Natalie oyó que Eliza rugía de dolor. «No, por favor». Aquella noche, en la cama con Zafar, Natalie dice que «el mundo se nos caía encima, silencioso y oscuro». Zafar se pasó la noche llorando. «Parecía un niño pequeño con ganas de abrazar a su padre —escribió Natalie—. Él sabía que, si se quedaba dormido, cuando se despertara su padre quizá ya no estaría aquí». Pero al día siguiente Eliza volvió a llamar para contarles que yo estaba consciente y despierto, si bien conectado todavía al respirador. Me puso el teléfono junto al oído para que Zafar pudiera decirme que me quería mucho. Al oírle, meneé los dedos de los pies, y cuando Eliza se lo dijo, Zafar lloró de alegría.

Más tarde nos enteramos de que el A. estaba en la prisión del condado de Chautauqua, y que había rechazado salir bajo fianza. Los cargos contra él eran tentativa de homicidio y agresión con agravantes. Más tarde aún, Eliza y yo conocimos a Sherri, una agente del FBI que acudió para asegurarse de que los federales estuvieran trabajando «día y noche», así como para ver si lo ocurrido podía entrar como acto terrorista. Los federales y la policía estatal me pidieron que prestara declaración y, según dijeron, quedaron asombrados de mi memoria. Imagino que trataban de ser educados. Y todavía más tarde, oímos decir que en el sótano del A. de Nueva Jersey habían encontrado «treinta mil pruebas»; supusimos que se referían a lo que había en su portátil, sus emails… A mí, al menos, todo aquello me resultaba muy abstracto. Esos primeros días el tema principal era muy simple: la supervivencia.
    Vive. Vive.

3

HAMOT

Cuando recuperé el conocimiento, veía visiones. Visiones arquitectónicas. Suntuosos palacios y otros edificios majestuosos construidos a partir de letras, como si el mundo entero estuviera hecho con el alfabeto, el mismo material básico del lenguaje y la poesía. No había una diferencia significativa entre las estructuras hechas de letras y los relatos, que estaban formados con el mismo material. Su esencia era la misma. Visiones de muros exteriores, vestíbulos señoriales, cúpulas que eran a la vez lujosas y austeras, una vez un palacio de los espejos mogol, otra unos muros de piedra y pequeñas ventanas con barrotes. Mi desequilibrado cerebro me proporcionó algo como la Hagia Sophia de Estambul, y luego la Alhambra, Versalles; algo que recordaba a Fatehpur Sikri, el fuerte de Agra, el palacio de Udaipur a orillas del lago; pero también una versión más oscura de El Escorial, una cosa siniestra y puritana, más pesadilla que sueño. Cuando me fijaba bien, los alfabetos siempre estaban allí, alfabetos que espejeaban, ominosas letras de piedra, alfabetos de ladrillo y letras-gemas de diamante y oro. Comprendí que tenía los ojos cerrados. Entonces todavía pensaba en ellos en plural.

Abrí los ojos —entendí a medias que solo había abierto el izquierdo; el derecho lo tenía tapado por un vendaje suave— y las visiones no desaparecieron, sino que se tornaron más espectrales, translúcidas, y empecé a ser más o menos consciente de mi verdadera situación. Lo primero que descubrí, lo más apremiante y menos agradable, fue el respirador. Cuando más adelante me lo quitaron y pude pronunciar palabras, dije que era como tener la cola de un armadillo metida garganta abajo. Y cuando me lo quitaron fue como si me arrancaran de la garganta una cola de armadillo. Yo había sobrevivido al covid sin necesidad de respirador, a diferencia de ahora. Y, aunque tenía la cabeza muy embotada, recordé los primeros días de la pandemia, cuando muy poca gente vivía tras ser enchufada a un respirador.

No podía hablar, pero en mi habitación había gente sentada. Cinco, tal vez seis personas. En aquel momento no se me daban bien los números. Entre ellos y yo, en el aire, flotaban letras. Quizá era que no existían, las personas. Quizá eran alucinaciones, como las letras mismas. Yo iba hasta las cejas de opiáceos. Fentanilo, morfina. Probablemente eran la causa de aquel galimatías alfabético. Y podía ser que lo fueran también de aquellos fantasmas allí sentados.

No, no eran fantasmas. Eran Eliza, Melissa, Eumir, Chris, Adam y Jeff. Por aire, por tierra, habían llegado todos a tiempo antes de que yo despertara. Mis gafas se habían roto —durante o después del atentado, en medio de todo el follón— y, como no las llevaba puestas, veía a la gente desenfocada; quizá fue una suerte, porque así no podía ver sus expresiones de congoja. Estaban mirando lo que yo no podía ver: mi persona. El cuchillo me había rajado la garganta y la mejilla del lado derecho. Podían ver los dos bordes de la herida sujetos mediante grapas metálicas. En el cuello tenía un tajo horizontal bastante largo, también con sus correspondientes grapas. Podían ver que toda la zona del cuello estaba grotescamente hinchada, oscura de sangre. Podían ver también que la sangre seca de la herida que tenía en la mano izquierda parecía casi un estigma. Además de los vendajes, mi mano estaba firmemente sujeta por una férula. Y cuando la enfermera entró para hacerme la cura del ojo herido, Eliza y los demás vieron lo que parecía un efecto especial de película de ciencia ficción, el ojo muy distendido, saliéndose de la cuenca y colgando sobre el pómulo como un huevo pasado por agua. Tan hinchado lo tenía, que los médicos, en esas primeras jornadas, no sabían si conservaba el párpado. (Sí, allí estaba aún). Eliza y los otros pudieron ver el tubo del respirador en mi boca, y nadie pudo decirles cuándo me lo quitarían… si es que llegaban a quitármelo. Las heridas en el pecho estaban cubiertas, pero ellos sabían que el hígado había quedado afectado y que habían tenido que extirparme una sección de intestino. Los médicos les habían dicho que tenía el corazón «magullado». No sabían si iba a vivir ni, en tal caso, en qué condiciones. Y todo eso se reflejaba en la cara de cada uno de ellos, pero las caras las veía borrosas. En mi estado de semiinconsciencia sedada, solo pude alegrarme de que estuvieran allí.

(Durante muchas semanas Eliza no permitió que me mirara en un espejo, de modo que yo no sabía cuál era ahora mi aspecto. Médicos y enfermeras venían a examinarme y decían: «Estás mucho mejor», y yo me creía sus mentiras porque quería creerlas. A altas horas de la noche, en la unidad de trauma del UPMC Hamot, oyendo los aullidos de gente que agonizaba en otras habitaciones, la gran pregunta —¿vida o muerte?— flotaba en el aire, y no había una respuesta clara).

Eliza estaba a mi lado, procurando que yo no detectara la pena y el miedo que ella sentía, sabiendo que necesitaba ser fuerte y mostrarme todo su cariño. «Mueve el pie si entiendes lo que digo», me dijo. Al ver que mi pie no se movía, casi se desesperó. Tal vez la profunda herida en el ojo —el cuchillo alcanzó el nervio óptico— me había dañado también el cerebro.

Un poco más adelante, cuando no estaba tan atontado y podía entender mejor lo que se me pedía, sí empecé a mover el pie, una vez para decir sí, dos para decir no, e incluso grogui como estaba me pareció percibir el alivio que sentían los que estaban allí conmigo.

Ahora que sabían que yo podía entenderles, ya podían hablarme. Eumir vino a sentarse a mi lado y dijo que quería leerme una cosa. Era la declaración del presidente Biden en respuesta al atentado. Eumir la leyó despacio y hablándome al oído:

La noticia del salvaje atentado contra Salman Rushdie nos dejó ayer a Jill y a mí atónitos y apesadumbrados. Como todos nuestros compatriotas y tantas otras personas en el mundo entero, rezamos por su salud y pronta recuperación. Doy gracias a los primeros que supieron reaccionar y a esos valerosos individuos que no dudaron en prestar ayuda a Rushdie y someter al agresor.

Salman Rushdie –con su perspicacia y su incomparable talento para narrar– es un paladín de los ideales esenciales del género humano. La verdad. El valor. La resiliencia. La capacidad de compartir ideas sin temerle a nada. Estos son los pilares de toda sociedad libre y abierta. Y hoy reafirmamos nuestro compromiso con esos valores profundamente estadounidenses, en solidaridad con Rushdie y con todos aquellos que defienden la libertad de expresión.

Cuando notas en la cara el aliento de la Muerte, el resto del mundo queda muy atrás y puedes experimentar una enorme soledad. En momentos así, palabras amables te reconfortan y te dan fuerza, te hacen sentir que no estás solo, que quizá no has vivido y trabajado en vano. Durante las siguientes veinticuatro horas fui consciente de la gran cantidad de amor que recibía, un alud de espanto, respaldo y admiración a escala mundial. Además del mensaje del presidente Biden, me llegaron palabras contundentes del presidente francés Macron: «Durante treinta y tres años, Salman Rushdie ha encarnado la libertad y la lucha contra el oscurantismo. Rushdie acaba de ser víctima de un cobarde atentado a manos de las fuerzas del odio y la barbarie. Su lucha es nuestra lucha; es algo universal. Ahora más que nunca, estamos de su lado». Hubo mensajes similares por parte de otros dirigentes. Incluso Boris Johnson, por entonces primer ministro británico, que en una ocasión había escrito un artículo diciendo que yo no merecía ser nombrado caballero (lo fui en junio de 2007) «por servicios a la literatura» pues no era lo bastante bueno como escritor, me hizo llegar unos cuantos tópicos. Solamente India, el país donde nací y que ha sido mi mayor inspiración, no encontró palabras que dirigirme. Y, como no podía ser menos, hubo voces que manifestaron su contento por lo ocurrido. Si te conviertes en objeto de odio, siempre habrá quien te odie. Así había sido en mi caso durante treinta y cuatro años.

Varios amigos me mandaban mensajes al móvil aun sabiendo que yo no iba a leerlos. Otros me enviaban emails y mensajes de voz aun sabiendo que era en vano. Me dejaban mensajes en Facebook e Instagram. «Por favor, por favor, ponte bien».

Lo último que yo había subido a Instagram era mi fotografía de la luna llena sobre el lago Chautauqua, tomada la víspera del atentado. «Pensando en ti», escribieron docenas de personas en los comentarios. «Pensando en ti con velas encendidas en el desierto», «Te quieren y te necesitan muchísimas personas, de cerca como de lejos. Todos te apoyamos», «Confiamos en que tu fortaleza frente a la adversidad vuelva a mostrarse como un superpoder», «Acongojados», «Que las estrellas se alineen para protegerte, ya que no lo hizo la luna», «Ponte bien, recupérate, supéralo», «Te queremos», «Te queremos», «Te queremos».

Muchas personas dijeron que rezaban por mí. Y eso que sabían que yo soy un cabrón descreído.

«Pensé que era el fin —me dijo mucho después mi amiga la artista Taryn Simon—. Todos pensamos que era el fin. Pensé que te había perdido. Es la vez que más pena he sentido en toda mi vida».

Y luego hubo también las reacciones de personas comunes y corrientes: lectores, no lectores, gente que yo no conocía, gente horrorizada por un acto de maldad. Sameen me leyó algunos de estos mensajes por teléfono desde Londres, antes de tomar un vuelo a Estados Unidos. Yo aún no estaba lo bastante bien para asimilar la envergadura de lo que estaba sucediendo fuera de mi habitación en el hospital, pero lo notaba, lo sentía. Siempre he creído que el amor es una fuerza, y que en su forma más potente es capaz de mover montañas. Puede cambiar el mundo.

Entendí que las rarezas de mi vida me habían situado en el meollo de un combate entre lo que el presidente Macron llamó «el odio y la barbarie» y la fuerza sanadora, unificadora, edificante del amor. La mujer que yo amaba y que me amaba estaba a mi lado. Juntos ganaríamos la batalla. Yo viviría.

De momento aquella habitación era el mundo, y el mundo era un juego a vida o muerte. Para huir de él y volver a una realidad más amplia y más familiar, iba a tener que pasar numerosas pruebas, tanto físicas como morales, igual que los héroes en cualquiera de las mitologías. Mi salud —mi vida— era el Vellocino de Oro rumbo al cual trataba de navegar. El Argo, en esta versión, era una cama, y la habitación era el mar. Y el mar era el mundo peligroso.

En algún momento de esas primeras veinticuatro horas posteriores a la operación, cuando mi vida pendía de un hilo, soñé con Ingmar Bergman. En concreto con la famosa escena de *El séptimo sello* en la que el caballero, a su vuelta de las Cruzadas, juega una última partida de ajedrez con la Muerte para postergar al máximo el jaque mate inevitable. Ese era yo. Yo era el Caballero. Y mi habilidad para el ajedrez había disminuido drásticamente desde mis tiempos de estudiante universitario.

El centro de traumatología no era un lugar tranquilo. Debido a mi presencia, el hospital había puesto en marcha un protocolo de máxima seguridad y había muchos guardias patrullando. Si Eliza quería ir a buscar un bocadillo a la cantina, debía hacerlo acompañada por un guardia. Pero en la zona de casos graves de la unidad de trauma, el desenfreno era total. Gente pidiendo medicación a grito pelado a alguien que estaba en una habitación cercana, gritos desde otra habitación de un paciente a quien la medicación no le había llegado a tiempo. A veces se oían sollozos. Y Eliza, recorriendo los pasillos, no podía evitar preguntarse si mi sino sería el mismo de los que agonizaban en esa o aquella habitación. «¿A mi marido lo meterán también en una bolsa?».

Me fue de muy poco. Más tarde, cuando quedó claro que estaba fuera de peligro, los propios médicos no ocultaron su alivio. «Cuando le trajeron en el helicóptero —dijo un miembro del equipo de quirófano—, no creímos que pudiéramos salvarlo».

Pero me salvaron, aunque por los pelos.

Otro de los médicos me dijo: «¿Sabe de qué ha tenido suerte? De que el hombre que le agredió no tuviera ni idea de cómo matar a alguien con un cuchillo».

Una ráfaga, el recuerdo de aquella silueta vestida de negro, dando tajos a mansalva, fallando por poco. Pero acertando mucho. Ay, mi estúpido y furioso A.

La tarde del 13 de agosto los médicos decidieron retirarme el respirador. Adiós a la cola de armadillo, ya te imaginas, lector, lo que fue sacar eso. Pero luego, buenas noticias. Podía respirar bien yo solito. Y de mi boca, cuando la abrí, salieron palabras.

«Puedo hablar», dije.

Fue el comienzo del desquite. Para Eliza fue el comienzo de la esperanza. Yo estaba vivo, podía respirar, y el resto llegaría a su debido tiempo. (Desechamos pensar que *quizá*. Decidimos rechazar de plano el *quizá*. No había *quizá* que valiera. Era sí o sí).

Eliza no quiso dejarme a solas en mi habitación. Los demás pasaron unas cuantas noches en un pequeño hotel antes de reemprender la vida de cada cual. Zafar vino desde Londres, y unos días más tarde lo hizo Sameen. Se alojaron en el hotel. Pero Eliza no se movió de mi lado. La cosa no fue fácil. Le dijeron que el hospital estaba en un barrio peligroso, que ir sola por la calle era arriesgado, incluso para comprar unas cuantas cosas en un Walgreens que había a un par de manzanas de distancia.

A modo de cama, Eliza utilizaba una repisa con cojines. Seguro que era muy incómodo, pero fue entonces cuando Eliza entró en modo superheroína. No mostraba pena ni temor, cansancio ni tensión, únicamente amor y fortaleza. En el momento de mi máxima debilidad, ella se convirtió en mi —nuestra— irrompible roca. Todos cuantos se ponían a tiro debían responder ante ella, desde los médicos cuando tomaban una decisión hasta las enfermeras cuando iban a hacerme algo, pasando por los agentes de policía de los estados de Nueva York y Pensilvania, así como agentes del FBI que venían a verme: todos tenían que rendir cuentas a Eliza.

Ella quiso comprobar que los gastos hospitalarios estuvieran cubiertos por mi seguro médico de la Universidad de Nueva York. Se puso en contacto con una vicedecana del College of Arts and Sciences, una persona muy servicial que se cercioró de que el seguro haría lo que fuera necesario hacer. Eliza ya había iniciado planes para nuestra vuelta a casa. ¿Cuánto costaría un avión medicalizado? ¿Lo cubriría mi seguro? (No, claro. Eso era pedir demasiado). Bueno, vale. ¿Podíamos pedir prestado un avión? Resulta que conocíamos a varias personas que tenían avión propio, y al menos tres de ellas tuvieron la bondad de ofrecernos sus aparatos. Pero al final resultó ser una opción demasiado compleja. ¿Dónde estaban los aviones? ¿Podían acudir cuando los necesitáramos? ¿Estaban equipados con material médico? ¿Se podía instalar en ellos el equipo médico que necesitaríamos durante el vuelo? ¿Habría sitio para el profesional que debía acompañarnos y para personal de seguridad? Y, al margen de eso, yo, la verdad, no quería estar en deuda con nadie, por más generosos que fueran conmigo. Al final decidimos hacer lo que estaba a nuestro alcance. Iríamos por carretera. Eliza dio con la persona adecuada, dentro del organigrama de Hamot, que podía ayudarnos a reservar una ambulancia no asistencial y encontrar a todas las personas que tendrían que hacer el viaje con nosotros. Eliza empezó a hablar con la policía. Casi de inmediato, la estatal de Pensilvania accedió a escoltarnos hasta la frontera del estado, y la de Nueva York accedió a reunirse allí con nosotros y acompañarnos hasta Nueva York ciudad. Una vez en Manhattan, me llevarían al centro de rehabilitación con el que Eliza se había puesto en contacto: Rusk Rehabilitation formaba parte del complejo hospitalario de NYU Langone y era uno de los centros de esta especialidad más prestigiosos del país. Eliza se aseguró de que hubiera plazas en Rusk, y de que tuvieran una habitación lista para cuando la necesitáramos.

«Cuando la necesitáramos» no era hasta dentro de quince días, pero ella quería tenerlo todo bien atado.

La medianoche del 14 al 15 de agosto siempre había tenido para mí un significado especial. Fue el momento en que la India alcanzó la independencia en 1947. Era también el momento en que nacía mi personaje de ficción Saleem Sinai, el antihéroe y narrador de *Hijos de la medianoche*. Yo había tomado por costumbre llamar «el cumpleaños de Saleem» al día de la Independencia de la India. Pero esta vez el día de la Independencia tuvo un significado más personal.

El lunes 15 de agosto fue el Día 3. Ese día quedó claro que yo iba a seguir viviendo. O, digamos, que tendría la libertad de vivir. Que era la clase de libertad que, en aquellos momentos, más me interesaba.

Mi cerebro volvía a funcionar. Me habían hecho dos escáneres y por lo visto el cerebro no había sufrido ningún daño, o sea que no tenía ninguna excusa para no trabajar. Yo diría que este fue el mayor golpe de suerte posible, que el cuchillo que había penetrado hasta tan hondo no lograra, por un milímetro tal vez, malograr mis facultades mentales; eso quería decir que, a medida que avanzara en mi convalecencia, podría continuar siendo yo mismo.

Estaba empezando a desengancharme de los calmantes más potentes –cuando te han salvado la vida de milagro, prefieres no acabar como un adicto a los opiáceos–, de modo que ya no tenía visiones. Una pena, porque les había tomado cariño a mis palacios hechos con el alfabeto y a las letras doradas flotando en el aire.

«Tenemos que dejar constancia de todo esto». Este fue quizá mi primer pensamiento coherente. No estaba seguro de qué cara pondría Eliza, pero su respuesta fue tan inmediata como enfática: «De acuerdo». Yo le dije: «Esto no va solo de mí; el tema es mucho más amplio».

Me refería, naturalmente, a la libertad, significara lo que significase ahora esa palabra tan manida. Pero quería pensar asimismo en los milagros y en la irrupción de lo milagroso en la vida de alguien que no creía en milagros y que, sin embargo, se había pasado toda una vida creando mundos imaginarios en los que sí existían. Lo milagroso –tanto como el A. y su víctima– había cruzado una línea fronteriza, la que separa el estado de Ficción del estado de Hecho Real.

Eliza hizo que le enviaran su equipo fotográfico. Llegaría a Nueva York al cabo de dos días, o sea que el Día 5 podríamos empezar a documentar mi estado físico, el proceso de recuperación, así como mis pensamientos sobre el atentado, sobre mi obra, mis ideas y el mundo en general. Eliza es una fotógrafa y videógrafa acreditada (además de novelista y poeta; a veces pienso que sus talentos no tienen límite), de modo que no necesitábamos ayuda. Iba a ser una cosa que haríamos juntos; un desafío a la muerte y una celebración de la vida y del amor. Pero también, y más prosaico, una mirada frontal a los daños.

Antes incluso de que llegaran las cámaras, empezamos a grabar conversaciones en su teléfono móvil.

Cómo te encuentras hoy, cariño. Cómo estás, cielo. Este es el Día 4 desde que la vida nos cambió para siempre.

Bueno… hay ratos de todo. Pero estoy rodeado de la gente que quiero. Tú, primordialmente. O sea que lo conseguiré.

Esto lo vamos a superar. Tenemos más historias que contar al mundo. Y lo que tenemos es la mejor historia de todas, que es el amor.

Sin duda.

Hoy es otro gran día. Otro gran día para ti y para mí, juntos.

Es gracias a ti. Todo el trabajo lo estás haciendo tú.

Bueno, tú hiciste lo principal. No morirte.

Mi pobre traje Ralph Lauren.

Ya compraremos otro. Entraremos en esa tienda Ralph Lauren y diremos: Denle un traje a este hombre.

Igual me lo regalan.

Cómo está la mano, cariño.

Me pesa. Es como si tuviera una mano de más colgando del brazo.

Te quiero. Eso lo vamos a superar.

Y yo a ti.

No estaba en condiciones de hablar de libertad. Era una palabra que se había convertido en un campo de minas. Desde que los conservadores empezaron a reivindicarla como propia (la Freedom Tower, las *freedom fries*), liberales y progresistas habían empezado a desmarcarse de ella en busca de nuevas definiciones del bienestar social según las cuales la gente ya no tuviera el privilegio de contravenir las nuevas normas. Los derechos y sensibilidades de grupos considerados vulnerables serían más prioritarios que la libertad de expresión, eso que el Nobel Elias Canetti había llamado «la lengua salvada». Este alejamiento de los principios de la Primera Enmienda hizo posible que la derecha se apropiara de ese venerable punto de la Constitución. Ahora, la Primera Enmienda era lo que permitía a los conservadores mentir, maltratar y denigrar. Se convirtió en una especie de carta blanca para el fanatismo. También la derecha tenía una nueva agenda social, aunque sonara bastante a antigua: autoritarismo, respaldado por medios de comunicación sin escrúpulos, grandes fortunas, políticos concha-bados, jueces corruptos. Pero yo era incapaz de expresar con palabras todas las complejidades derivadas de nuevas ideas sobre lo que está bien y lo que está mal, así como mi deseo de pro-teger la idea de libertad –la de Thomas Paine, la de la Ilustra-ción, la de John Stuart Mill– de estas cosas nuevas. La voz me salía quebradiza y exangüe. Todo mi cuerpo estaba en shock. A duras penas podía hablar de otra cosa que de milagros.

Eliza me contó lo que estaba diciendo mucha gente. «Una fuerza superior te protegió».

¿Qué conclusión sacar de una información como esta? Yo había sido ateo toda mi vida, hijo de ateo y padre de otros dos, el uno mudo sobre su ateísmo (Zafar) y el otro extrema-damente ruidoso al respecto (Milan). ¿Y ahora se me pedía que creyera que una mano había descendido de los cielos para proteger la vida de un no creyente? ¿Y qué más? Si los mila-gros eran una realidad, ¿qué pasaba con todo lo demás? La vida después de la muerte. El cielo y el infierno. La salvación. La condenación. No, aquello era demasiado.

Pero durante medio siglo, yo, que creía en la ciencia y en la razón, que no tenía tiempo para dioses y diosas, había es-tado escribiendo libros donde las leyes de la ciencia eran pues-tas a menudo en entredicho y donde había gente telepática, o que se transformaba por la noche en una fiera homicida, o que caía desde un avión a diez mil metros de altitud y vivía y encima le salían cuernos; libros en los que un hombre vivía el doble de lo normal, o empezaba a flotar un centímetro por encima de la superficie de la tierra, o una mujer llegaba a alcanzar los doscientos cuarenta y siete años de edad.

¿Qué tramaba yo, durante esas cinco décadas?

Quería decir esto: Creo que el arte es un sueño de vigilia. Y que la imaginación puede tender un puente entre los sue-ños y la realidad y permitirnos comprender lo real de otra manera, viéndolo a través de la lente de lo irreal. No, yo no creo en milagros, pero mis libros sí, y, por echar mano de Whitman, ¿acaso me contradigo? Vale, pues muy bien, me contradigo. No creo en milagros pero es milagroso que yo haya sobrevivido. Muy bien. Así sea. La realidad de mis libros —bueno, llamémoslo realismo mágico, si queréis— se ha convertido en la verdadera realidad en la que habito. Quizá mis libros hayan estado tendiendo ese puente y ahora lo milagroso pueda cruzarlo. Lo mágico se había transformado en realismo. A lo mejor mis libros me han salvado la vida.

Hasta a mí me sonaba a puro delirio. Intenté centrarme. «Vamos a grabar algo», dije.

El Día 5, para mi sorpresa, el memo de A. cometió el error de conceder una entrevista desde la cárcel del condado de Chautauqua a dos periodistas del *New York Post*, Steven Vago y Ben Kesslen. Estaba acusado de intento de homicidio y de agresión con agravantes y se había declarado «no culpable». (¿No culpable de un crimen presenciado por una multitud de personas? «Si tú lo dices... —pensé—. No creo que cuele»). En la foto del *Post*, con sus grandes orejas y una barba inoportuna —el sheriff local había proporcionado al periódico la fotografía de la ficha policial—, se lo veía absurda y casi enternecedoramente joven; en su porte sereno era posible imaginar la estupidez de la juventud ignorante. Sé que hice lo correcto —parece decirnos su expresión— y me importa muy poco aquel que diga lo contrario.

El A. desveló que se había sentido «inspirado» a ir a Chautauqua después de ver un tuit «el pasado invierno» anunciando mi participación en el acto que iba a celebrarse allí. «Gracias —pensé—, eso indica premeditación». «Oír que había sobrevivido, supongo que me sorprendió», decía también. «Gracias otra vez —pensé—, eso revela intención dolosa». Por lo demás, poco había de interés en sus palabras. Comentaba la «admiración» que sentía por el ayatolá Jomeini, y sobre mí decía: «No me gusta. No creo que sea muy buena persona. No me gusta. No me cae bien». Afirmaba no haber leído más que «un par de páginas» de mi obra, pero que me había visto en YouTube dando alguna conferencia y se dio cuenta de que yo era un «farsante». «No me gusta la gente que es así de farsante», concluyó un tanto enigmáticamente. ¿Así de farsante? Así, ¿cómo? No se extendió sobre ello.

«Quise asesinarlo porque es un farsante» sería un móvil poco satisfactorio en una novela negra, y, tras releer sus comentarios, me quedé con la clara sensación de que su decisión de matarme parecía carecer de motivos claros. Si yo tuviera que describir un personaje cuyo móvil para un asesinato a sangre fría —no un crimen pasional, no, sino algo cuidadosamente planeado con antelación— fuera que había visto unos vídeos, sospecho que mis editores dirían que el personaje no les parecía convincente. Puede sonar extravagante que el casi asesinado reprenda al casi asesino con palabras como: «Tendrás que inventarte una razón mejor que esa»; al fin y al cabo, él había intentado matarme, ¿no?, o sea que consideraba que sus motivos eran suficientes, pero eso era lo que yo quería hacer.

Quería entrevistarme con él. Quería sentarme a solas con el A. y decirle: «Bueno, a ver, cuéntame». Quería que me mirara a los ojos (bueno, al único que me quedaba) y me dijese la verdad.

Eliza se oponía firmemente a ese plan. «Quítatelo de la cabeza», me dijo. En cualquier caso, difícilmente habría sido posible a corto plazo, dado mi estado de salud (aparte de que el A. podía negarse). Sus abogados seguramente le aconsejarían rechazar la propuesta. No obstante, yo al principio estaba decidido a intentarlo. Luego pensé que el nivel de inteligencia del joven en cuestión no parecía alto —«No es ningún genio», o algo parecido, le dije a Eliza—; al menos, su capacidad para expresarse carecía de sofisticación. Yo, malicioso, me inclinaba a pensar que el A. llevaba una vida exenta de reflexión. De haberle mencionado yo el famoso *dictum* de Sócrates —«La vida, sin reflexión, no merece la pena vivirla»—, él probablemente no habría aportado una respuesta interesante. Decidí que era preferible hacer oídos sordos a sus clichés. Lo mejor sería inventarme un personaje.

En aquel momento aún no había decidido escribir este libro. Estábamos haciendo un registro sonoro y visual de lo que me —nos— pasaba, pero ni siquiera habíamos pensado si tenía que ser una cosa privada, una suerte de diario para nosotros dos y quizá la familia, o si habría que hacerlo público. Nuestra decisión de hacer un documental y la mía de hacer este libro fueron casi simultáneas. Y entonces pensé: «Hay tres personajes importantes en la historia: Eliza, yo y él». Decidí que meterme dentro de su cabeza y explicar lo que allí encontraba sería mucho más interesante que verlo cara a cara con su mono carcelario blanco y negro y tener que aguantar su rollo ideológico (o-blanco-o-negro, los-fines-y-los-medios). O sea que el A. tendrá su capítulo. Tendrá su oportunidad.

Yo no me encontraba nada bien. Estaba hecho polvo. Pero me estaba curando.

El hígado es una víscera muy curiosa. Se regenera. El mío se regeneró y empezó a funcionar como debía. Gracias a lo cual no me puse amarillo.

También mi intestino delgado parecía estar funcionando bien: los cirujanos habían hecho un buen trabajo. Los hospitales se alegran muchísimo cuando el paciente dice que se le mueven las tripas. Lo que no les gusta nada es cuando los intestinos no se te mueven y entonces te dan una medicación que provoca diarrea y tú les pide que paren ya, les prometes que las tripas se te moverán pronto, en serio, hasta que por fin empiezan a moverse y todo el mundo se pone contento.

Bajo el pulmón derecho se me estaba acumulando fluido y nadie sabía por qué. Era preciso drenarlo. Me trasladaron a un quirófano de una planta inferior. Tuve que ponerme de costado, me aplicaron anestesia local y luego aguja y a drenar.

«No se preocupe —me dijo el doctor—, soy el campeón del drenaje». «Oh —pensé (pero no dije)—, ¿también hay campeonatos de drenaje de fluidos?, ¿una Super Bowl de drenaje?

¿Quién actuaría en la media parte?, ¿Muddy Waters?, ¿Aqua? Cállate ya, Salman. Esto no durará mucho». Pero duró más de lo que yo pensaba; había mucho fluido. ¡Más de 900 centímetros cúbicos! El crack levantó su trofeo, una bolsa de plástico llena de una sustancia entre rosada y rojiza, brillante. «No había caído en la cuenta de que sería tan vistoso, el fluido», dije. Es porque no pensé que habría sangre mezclada con la cosa aquella, fuera lo que fuese. Pero había sangre, claro está.

Mientras yo estaba ausente de la habitación, Eliza puso la cámara mirando hacia ella y sacó todos esos sentimientos que no quería que yo viera: la pena, el miedo, la perplejidad, la sensación de haber sido arrancada de lo que ella consideraba su vida, y, sobre todo, la ira contra el hombre «que vino a Chautauqua y eligió la violencia. Él eligió la violencia». Pero, decía, «estoy bien, voy a estar bien, porque mi marido vive». Tardó mucho en permitirme ver la grabación de su monólogo, de su diatriba. Cuando lo vi, quedé abrumado por la evidencia de su sufrimiento y comprendí mejor todavía el inmenso esfuerzo que había hecho ella para ocultarlo y sonreír, para cuidar de mí con amor. Eliza necesitaba recuperarse de eso. Había quedado casi tan malherida como yo.

Tenía un corte profundo en el lado izquierdo de la lengua. Al caerme en el escenario debía de habérmela mordido sin querer. Hicieron falta puntos. Eliza dijo que verme sujetándome la boca abierta mientras un médico me cosía la lengua con aguja e hilo fue la segunda peor cosa que le había tocado ver. Los puntos se disolvían solos, me dijeron, y en dos semanas habrían desaparecido. Hasta entonces me pondrían en dieta blanda (sopa, puré de patata, poca cosa más). Me consolé pensando que, al menos, los dientes parecían intactos; no se me había caído ninguno, como estuve seguro de que ocurriría tras el primer golpe.

Paulatinamente, y siguiendo las previsiones, mi lengua curó y los puntos se cayeron solos.

Lo peor que Eliza tuvo que ver fue lo del ojo. Una enfermera venía cada hora para humedecerme el ojo con una solución salina; lo tenía muy distendido, medio salido de la cuenca, el párpado no conseguía cerrarse y el ojo se iba secando. Había mucho por lo que llorar, pero ninguna lágrima.

Cuando me quitaron el vendaje, aquello no era un ojo, era una monstruosidad. Vinieron médicos a comprobar si conservaba algo de visión. Me dijeron que pusiera la mano derecha (la buena) sobre el ojo izquierdo y luego dirigieron una luz hacia el ojo derecho. Hubo un momento en que, entusiasmado, dije que podía ver la luz en el borde del campo visual de mi ojo derecho. Los médicos se animaron también, pero resultó ser una esperanza vana: no me había tapado bien el ojo izquierdo, y era este el que había visto la luz por un resquicio.

Había perdido la visión de un ojo e intentaba hacerme a la idea. El nervio óptico había quedado dañado, no había más que hablar. No acabó conmigo, el A., pero sí con ese ojo. Incluso ahora, mientras escribo esto, sigo sin haberme hecho del todo a la idea. Físicamente es complicado —no ver todo un cuadrante del campo de visión normal se hace raro, y otro tanto perder la perspectiva que dan dos ojos; cuando intento verter agua en un vaso, por ejemplo, es fácil que la eche fuera—, pero emocionalmente es aún más complicado. Asumir que esto ya no va a cambiar hasta que me muera, es deprimente. Pero como le decían a menudo sus padres a Saleem Sinai cuando era pequeño en *Hijos de la medianoche* (y me decían a mí los míos también), «Al mal tiempo, buena cara».

Un día, los médicos vinieron a explicarme su plan a corto plazo para el ojo. Era imposible tomar una decisión a largo plazo mientras durara la hinchazón, dijeron. La hinchazón iba en descenso, pero aún quedaba mucho. Sin embargo, dentro de pocos días tal vez podrían hacer que el párpado cubriera el globo ocular, y, una vez que eso fuera posible, los problemas irían a menos y sería más fácil protegerlo. Su idea era bajar el párpado y luego cerrarlo mediante puntos. Hecho esto, los lagrimales volverían a funcionar y el ojo no necesitaría la humidificación mediante solución salina. De este modo, estaría a salvo de nuevos daños. (Qué nuevos daños podían ser esos, pensé yo, pero, una vez más, me guardé de preguntar).

—Suena a que será bastante doloroso —dije.

—Utilizaremos una potente anestesia local —me aseguraron.

—Bueno —dije—, porque lo del dolor lo llevo bastante mal.

El proceso se puso en marcha dos días más tarde. Cuando vi venir la aguja hipodérmica, dije, muerto de miedo: «¿Y la anestesia?». Me dijeron que estaba en la jeringuilla. Lo único que puedo afirmar sobre lo que vino a continuación es que, si eso era cierto, no quiero ni imaginar lo doloroso que habría sido todo en caso contrario. Eliza estaba en la habitación y me oyó emitir sonidos de angustia, vio cómo mi cuerpo se ponía rígido. Permíteme que te dé un consejo, amable lector: si puedes evitar que te cosan el párpado... hazlo. Duele que no veas.

Se saldó con éxito, por usar la jerga médica. Yo no habría elegido esos términos. Fue lo más parecido a un dolor insoportable que he experimentado en mi vida; sí, incluidas las cuchilladas. Durante la agresión, yo estaba tan conmocionado que no las experimenté como dolor propiamente dicho, aunque esos testigos presenciales que mencionaba declararon que yo había «aullado». Tras el «exitoso» procedimiento pensé en unos versos de «Love Minus Zero / No Limit», de Dylan, canción que mi amigo Steve me cantó la noche de mi cumpleaños en Cerdeña: «... no hay éxito comparable al fracaso / y el fracaso es todo menos un éxito».

No pudieron quitarme los puntos hasta siete semanas después.

El Día 7, a las once de la mañana, Eliza me puso su portátil delante para que viera a amigos y aliados congregarse en los escalones de la Biblioteca Pública de Nueva York en un acto de solidaridad. Justo una semana antes, yo estaba tendido en el escenario de aquel anfiteatro de Chautauqua, pensando que me moría, intentando no morir. Y ahora cientos de personas se hallaban reunidas en la Quinta Avenida «apoyando a Salman». Estaba mi amigo el maravilloso novelista Colum Mc-Cann, diciendo de mí «Je suis Salman» tal como yo y muchos otros, a raíz de los asesinatos de dibujantes de *Charlie Hebdo* el 7 de enero de 2015, habíamos dicho «Je suis Charlie». Fue muy emocionante y a la vez extraño, convertirse en eslogan.

Suzanne Nossel, CEO de PEN America, la organización de escritores de la que yo era expresidente, hizo apasionados comentarios. «Cuando el asesino potencial hundió su cuchillo en el cuello de Salman Rushdie, hizo algo más que perforar la carne de un renombrado autor. Hendió el tiempo, volviéndonos a todos bruscamente conscientes de que los horrores del pasado no habían quedado en absoluto atrás. Cruzó líneas fronterizas haciendo posible que el largo brazo de un gobierno vengativo llegara hasta un remanso de paz. Pinchó nuestra serenidad, nos dejó despiertos por la noche contemplando el absoluto horror de aquellos momentos sobre el escenario, en Chautauqua. E hizo añicos nuestra confortabilidad, obligándonos a considerar lo frágil de la libertad que disfrutamos». Esta alocución —y las que siguieron— me dejó al borde del llanto, pero también pensé: «No le atribuyas tanto poder, Suzanne. Nosotros no nos dejamos destrozar tan fácilmente. No hagas que ese joven parezca un ángel exterminador. Solo es un pobre payaso que tuvo un golpe de suerte».

Hubo más de una docena de oradores, entre ellos amigos queridos como Kiran Desai, Paul Auster, A. M. Holmes o Francesco Clemente. Yo estaba abrumado por la emoción. Era difícil hablar, pero después Eliza giró su cámara hacia mí y me preguntó al respecto.

Cómo te has sentido, cariño, viendo a toda esa gente allí reunida para apoyarte y con ese día tan precioso que hace en Nueva York.

Mi voz era frágil y mi respiración irregular. Hablé con frases entrecortadas.

Me he sentido... agradecido... Me ha emocionado... saber... que mi vida... significaba... tanto... para la gente. Y me ha hecho... feliz... que leyeran... fragmentos... de mi obra.

Después del acto en la biblioteca, hubo más encuentros de apoyo a mi persona, no sé si en todo el mundo, pero casi. Inglaterra, Canadá, muchos países de Europa... Volví a pensar que el amor era una fuerza real, una fuerza sanadora. No tengo la menor duda de que el amor que estaba recibiendo –tanto por parte de desconocidos como de mi familia y amistades– me ayudó muchísimo a superar mi estado.

Al principio ... quiero decir ... después de la fetua ... hubo mucha hostilidad, incluso entre los círculos literarios... tengo la impresión ... de que ahora ... la gente me quiere ... un poquito.

Lo único que he intentado ... toda mi vida ... es escribir cosas buenas ... y hacer lo correcto. Es todo lo que...

Ese mismo día, horas más tarde, tuve necesidad de decirle a Eliza lo mucho que le agradecía todo lo que estaba haciendo. «La verdad es que te has pasado tres putos pueblos, como dirían ahora».

Ella me dijo que no tenía por qué darle las gracias.

«Pero siento una enorme gratitud... y quiero que lo sepas».

Eliza cambió de tema. Me preguntó por un calipso de Harry Belafonte que me había oído tararear.

«The Jack-Ass Song –la informé–. "Mira, te lo digo de buena manera / No ates a mi burro por las pezuñas"».

Me pidió que se la cantara. Yo, de cantar, no tengo ni idea, pero lo intenté con mi hilo de voz, si es que aquello merecía llamarse siquiera «voz». «Now me donkey gone mad they say / Don't tie me donkey down there / 'Cause he high on a bale of hay / Don't tie me donkey down there!».

Le dije que hablarle de tonterías me hacía feliz.

El acto en los escalones de la biblioteca me dio un gran subidón de energía, y mucho más agradable que los medicamentos que estaba tomando. Hablé con Eliza sobre la necesidad de recuperar nuestra vida de antes.

«Hay que ir al encuentro de la vida —dije—. Uno no puede esperar sentado mientras convalece tras haber rozado la muerte. Uno tiene que encontrar la vida».

Trato de recordar si en algún momento de aquellos días me sentí enojado. Estuve en la sala de casos graves de Hamot durante dieciocho días —probablemente los más largos de mi vida— y ahora, cuando intento situarme mentalmente en aquella habitación, recuerdo sentirme débil, decidido, extenuado, deprimido, aturdido, enfermo, grogui y, gracias a la compañía de Eliza, Zafar y Sameen, también amado y amando. No recuerdo ira de ningún tipo. Creo que la ira debió de parecerme un lujo inútil. No servía de nada, y yo tenía asuntos mucho más importantes que atender. No dediqué mucho tiempo a pensar en el hombre cuyos actos me habían puesto en aquella situación, ni en los hombres cuya sanguinaria ideología le sirvió de inspiración. Solamente pensaba en la supervivencia, que para mí no solo significaba permanecer vivo sino también recuperar mi vida de antes, la vida de libertad que tanto me había esmerado en construir durante los últimos veinte años.

Teniendo en cuenta las circunstancias, mi maltrecha anatomía no estaba del todo mal. Aprendí cantidad de cosas, en esos días, sobre la asombrosa capacidad del cuerpo humano para curarse solo. El animal humano es capaz de muchos actos dañinos (y de alguno noble también), pero cuando su existencia se ve amenazada, un instinto poderoso toma las riendas. Fue ese instinto de supervivencia el que me susurró al oído mientras me desangraba allá en Chautauqua. «Vive. Vive». Y seguía susurrándome otro tanto en el hospital.

En cuanto a lo otro –recuperar mi vida anterior–, sabía que eso tendría que esperar. Iba a ser un trayecto muy largo, y antes de emprender camino yo tendría que aprender a andar.

Al lado de la cama había un sillón. El primer paso fue sentirme capaz de sentarme allí. Al principio necesité ayuda para mover las piernas, ayuda para incorporarme, ayuda para sentarme. Pero me sentó bien estar un poco más erguido, y cada vez me iba resultando más fácil trasladarme de la cama al sillón. Cada día me era más fácil hacer cosas yo solo. El día que fui capaz de ir solo hasta el baño, cumplir mi cometido de paciente bueno de vaciar las tripas y luego limpiarme sin ayuda de la enfermera…, bueno, eso fue toda una liberación. Me aterrorizaba la idea de convertirme en el tipo de inválido que necesita que alguien le limpie y lo lave, que lo traten como a un bebé. Y empecé, un poquito, a pensar que quizá no tardaría en ser otra vez un adulto.

En el baño no había espejo. Todavía no me había visto la cara.

Al cabo de unos diez días, ¡salí de la habitación! Tenía una enfermera al lado y, esa primera vez, llevaba un andador, pero me las apañé para recorrer la mitad del pasillo ida y vuelta. Guardias de seguridad y sanitarios me animaron levantando el pulgar. A partir de ahí, cada día pude andar un poco mejor.

El hecho de poder hacer yo solo unas cuantas cosas sencillas de la vida cotidiana me animó muchísimo. Tuve que aprender a sujetar un cepillo de dientes y echarle dentífrico con una sola mano. Pero seguía habiendo preocupantes problemas médicos. Llevaba pequeñas bolsas prendidas de diversas partes del cuerpo para recoger fluidos que salían de mi persona. Y una de las cuchilladas que recibí en la cara había dañado el canal por el que la saliva llega a la boca, y la saliva se me escurría mejilla abajo. Un médico joven vino para ocuparse de esto. Me aplicó a la cara una tira de tejido absorbente, y cada dos días volvía a apretar la herida para sacar un trocito de esa tira de tela, ahora empapada en saliva. Poco a poco dejé de perder saliva por donde no debía. Fue un proceso de lo más incómodo. (Al médico acabé llamándole doctor Dolor). El caso es que funcionó; para cuando pude abandonar Hamot, la saliva ya no me resbalaba por la cara.

Tenía la mano izquierda inmovilizada mediante una férula. Era demasiado pronto para iniciar la fisioterapia; antes era necesario que los tendones se curaran solos. Junto con el ojo derecho inservible, la mano inútil era la prueba ineludible de mi nueva realidad. Más de una persona intentó animarme diciendo «Suerte que eres diestro», pero esas palabras bienintencionadas me consolaban muy poco. Mi principal fuente de consuelo era la presencia de Eliza, Zafar y Sameen.

Cuando lo de la fetua, Zafar tenía apenas nueve años; había tenido que crecer con esa amenaza cerniéndose sobre la cabeza de su padre. Y luego, cuando parecía que las cosas iban a mejor, su querida madre, Clarissa, murió de una recurrencia particularmente agresiva del cáncer de mama que había superado cinco años atrás. Entonces Zafar tenía diecinueve años. Había sobrellevado una infancia traumática con aplomo y desenvoltura, y era una verdadera lástima, pensé, que después de más de dos décadas el pasado volviera a acecharlo de esta manera y le obligara a viajar desde la lejana Londres a este sitio remoto donde su padre luchaba por salvar la vida. Yo no era de ninguna manera el único a quien la amenaza terrorista le había trastornado la vida. Él también era una víctima.

Sameen y yo éramos grandes aliados desde el día en que apareció en Bombay, un año y dos semanas después de que lo hiciera yo. Durante la infancia, nadie fue tan cercano a mí como ella. Se peleaba con gente si creía que me querían mal, y yo la saqué de varios apuros con nuestros padres. Un día llamaron a la puerta –tendríamos ocho y nueve años, creo–; era un hombre, estaba furioso y se puso a hablar casi a gritos con mi padre. «¡Su hija acaba de darle una paliza a mi hijo!». A lo que mi padre se echó a reír, diciendo: «Chsss... No hable tan alto, a ver si le van a oír».

Toda la vida habíamos estado muy unidos. Y ahora esto. Le dije una vez y otra lo mucho que la quería y cuánto significaba para mí (y lo mucho que me ayudaba) el que hubiera venido. Pasados unos días Sameen me dijo: «Esto me desconcierta un poco. Nunca habías sido tan amable conmigo». Era nuestro estilo: siempre la broma, tomarnos el pelo, burlarnos el uno del otro, sabedores de que nos queríamos por encima de toda necesidad de expresar ese sentimiento de amor. Y yo aquí poniéndome en plan sentimental. Sameen tenía motivos para el desconcierto: eso no era nada propio de nosotros.

–Pero si siempre soy amable contigo... –protesté.

–No es verdad –dijo ella, tan contenta–. De esta manera, no.

Antes de que llegara a Hamot, Eliza le había enseñado vía iPhone cómo meneaba yo los dedos de los pies, para que Sameen se quedara tranquila respecto al funcionamiento de mi cerebro. Y cuando llegó se puso a hacer por mí lo que ambos habíamos hecho por nuestra madre cuando éramos jóvenes y ella yacía en la cama todas las tardes: me masajeó los pies (incluidos aquellos parlanchines dedos) para serenarme. «Dabao», le dije en urdu, haciéndome eco de la orden que nos daba nuestra madre. «Aprieta». Durante una semana aquella intimidad que compartíamos desde pequeños me aportó, si no alegría, sí el recuerdo de la alegría. Y entonces, el Día 8, Sameen regresó a Londres; le costó marcharse, enfadada consigo misma por no haber reservado una fecha posterior para el viaje de vuelta. El Día 9, Zafar volvió también a casa, de modo que ya solo éramos Eliza y yo. Y aún quedaban nueve días por delante.

Cuando se enteró de lo mío, lo único que pensó mi hijo pequeño, Milan, fue de qué manera estar a mi lado lo más rápido posible. Sin embargo, tenía de por medio el océano Atlántico, y a sus veinticinco años sufría de un miedo cerval a volar. No había sido capaz de subir a un avión en seis años. Todo aquel día, el 12 de agosto, se lo pasó dolorosamente acuciado por este dilema. Confieso que yo no entendía bien de dónde le venía el miedo, porque de pequeño había ido en avión un montón de veces, tanto para venir a verme a Nueva York como conmigo para ir a la India, Chipre, Roma... Pasar tiempo juntos había sido siempre una de mis máximas prioridades, y hasta que llegó el miedo estuvimos alternando entre visitas mías a Londres y viajes de Milan a Norteamérica. Pero de repente llegó el miedo y, a partir de ahí, durante largo tiempo, siempre fui yo el que se desplazó. Ahora el atentado le planteaba a él una pregunta para la que no tenía respuesta. ¡Sí, tomaría un avión de inmediato! No, era incapaz de hacerlo. Sí, se obligaría a volar. No, seguro que iría al aeropuerto y luego sería incapaz de embarcar.

Su madre, Elizabeth –Elizabeth West, lady Berkeley, felizmente casada ahora con el compositor Michael Berkeley y buena amiga mía aún–, acudió al rescate. Le compró a Milan un pasaje en el Queen Mary 2, el único trasatlántico que seguía cruzando regularmente el océano. El barco zarparía de Southampton para llegar a Nueva York diez días después, a finales de agosto. Fue una suerte que ella actuara con tanta rapidez y tanta generosidad, comprendiendo (como lo había hecho Eliza al pagar el avión privado hasta Erie) que hay momentos en la vida en que uno no echa cuentas, simplemente lo hace. Veinticuatro horas después de conseguirle un camarote a Milan, no quedaba ya una sola plaza.

En mi cama del hospital, casi incapaz de moverme, me enteré de que Milan iba a venir en barco y mi primera reacción fue de envidia. Bastante antes del atentado había visto una película de Meryl Streep, *Déjales hablar*, la mayor parte de la cual está rodada a bordo de ese mismo barco. Recuerdo que la película me pareció bastante mediocre, pero el Queen Mary 2 era una maravilla.

Hablé con Milan antes de que zarpara.

—Yo también quiero ir en ese barco —dije—. Cuando esté mejor, quizá podríamos hacer un viaje juntos.

—Sí, papá —dijo él—. Te pondrás bien y lo haremos.

Me sentó bien soñar con un futuro más feliz.

El Día 15 me pilló recorriendo los pasillos del hospital sin ayuda de nadie; había recuperado fuerzas, tanto de voz como de cuerpo. El ejército de médicos que examinaba cada día tal o cual parte de mi anatomía se mostraba satisfecho, incluso sorprendido. El jefe del equipo, un cirujano llamado James Beard y que nada tenía que ver con la gastronomía, dijo que quizá no tardarían mucho en mandarme a rehabilitación. La gente de Rusk, en Manhattan, aseguró tenerlo todo a punto. La ambulancia estaba a punto también. «Solo un par de días más», me dijeron.

El ojo cosido no había dado más problemas. Seguía con la férula en la mano izquierda, pero se me dijo que me la quitarían en cuanto llegara a Rusk para empezar la fisioterapia. Me retiraron las bolsitas pegadas al cuerpo, porque ya no salía fluido de ninguna clase. Con un poco de suerte, no volvería a acumularse líquido debajo del pulmón. Al parecer, todas las heridas de arma blanca se habían cerrado. El doctor Dolor no tuvo tampoco que apretar para extraer saliva de mi cara. El doctor Ojo, el doctor Mano, el doctor Puñaladas, el doctor Tajo, el doctor Hígado, el doctor Lengua; todos me fueron dando el visto bueno.

—Creo que ya podemos quitarle las grapas —dijo el doctor Grapas el Día 17—. Todo parece haberse curado bastante bien.

—Cuando me las quiten, ¿podré afeitarme? —pregunté.

Llevaba barba de diecisiete días. Me picaba la cara, me picaba el cuello. Era muy incómodo.

—De momento, no. Dejemos pasar un par de semanas —dijo el doctor Grapas.

Clic, clic, clic. Los alicates fueron dando cuenta una a una de todas las grapas. Unas no me dolieron al quitarlas, otras sí, pero yo estaba contento. Se acabó el tener esto o aquello sujeto de manera artificial.

Uno de los médicos trajo como regalo unos bombones «del mejor chocolatero artesanal que hay en Erie». Otro nos trajo a Eliza y a mí unos perritos calientes, también los mejores de la ciudad. Las enfermeras me hicieron probar varios parches para el ojo. No eran nada cómodos, pero la idea estaba bien. Todo el mundo parecía contento. Una de las enfermeras le dijo a Eliza: «Muy pocos salen de aquí por su propio pie». Ya te imaginas, lector, cómo sale la mayoría.

Día 18. Por primera vez desde mi llegada, llevaba puesta ropa de paisano en lugar de la bata hospitalaria de rigor. Una camiseta, pantalón de chándal, zapatillas deportivas. Iban a llevarme en silla de ruedas hasta una discreta zona de carga donde, esperábamos, no habría periodistas ni micrófonos. No queríamos que se supiera que me trasladaban a Nueva York. La idea era no dar ni migajas a los medios de comunicación, para así poder recuperarme tranquilamente, sin que hubiera ojos u oídos espiando.

Hora de partir.

4

REHABILITACIÓN

Nueva York a media tarde, radiante de sol. Me hizo bien ver de nuevo la ciudad, sus calles hermosas y feas a la vez, generosas y perversas, tanto talento en el ambiente, y tantas ratas bajo los pies, la gente paseando en pantalón corto, los parques animados gracias a las muchachas en flor, los herrumbrosos puentes metálicos, los pináculos, las espantosas calzadas de sus calles, esa cualidad de todo a la vez, la abundancia inextinguible, el congestionado exceso, y por doquier solares en construcción y música. Hogar dulce hogar. Mientras la ambulancia se movía por Manhattan tuve la sensación de estar de vuelta en el lugar adecuado. Había partido de este santuario de locos hacía diecinueve días para verme atrapado en una paradoja: a punto de morir en la quietud engañosamente apacible de un lugar lejano, y luego rescatado de la muerte en otra barriada igualmente apartada, de calles inseguras. Cada minuto de los que pasé en Hamot me sentí como un pez fuera del agua pese a la destreza de los cirujanos y la bondad de las enfermeras. Siempre he sido de ciudades grandes: Bombay, Londres, Nueva York. Las historias de ciudades eran la mía también, y ahora estaba de nuevo en mi mar de historias predilecto, este océano de hormigón y acero en el que siempre me había gustado nadar, más que en cualquier otro.

La llegada a Rusk fue un tanto macabra, todo el mundo nervioso por que no se me viera, pues, por razones de seguridad, era preferible llegar de incógnito para no alertar a los medios sobre mi presencia en la ciudad. Eliza me cubrió la cara con un pañuelo grande, me sacaron de la ambulancia, me pusieron sobre una camilla con ruedas y fui transportado anónimamente a través de un espacio desconocido. La sensación fue casi como de estar muerto. Intenté apartar esa idea de mi cabeza mientras me trasladaban –con la cara toda envuelta– en un ascensor y de allí a una habitación, donde por fin me descubrieron la cara. La primera habitación no disponía de sitio para que Eliza pudiera quedarse a dormir, pese a que ella había hablado con Rusk sobre este particular; tras la espera correspondiente, nos trasladaron a una segunda habitación.

Estaba de regreso en Nueva York, calle Diecisiete con la Segunda avenida, y sin embargo no había vuelto realmente porque no podía compartirlo con nadie. El júbilo que sentía se evaporó. Era como volver a aquel feo pasado, cuando permanecía «escondido» en Gran Bretaña, viviendo en «paradero desconocido» con agentes de policía armados y lejos de la gente a la que quería. Fuera, en el pasillo, también aquí había agentes armados, pero al menos Eliza estaba dentro conmigo, y Milan ya de camino. El Queen Mary 2 había atracado el día antes. Melissa –la hermana de Eliza– había ido a recibirlo. Habíamos alquilado un piso de Airbnb para Milan en el Upper East Side. Nuestra casa era un signo de interrogación. Eliza habló con la empresa de seguridad ADT para que hicieran una puesta al día de la casa: cámaras, botones de alarma, todo eso. Me pareció mejor que Milan no se hospedara allí. Para empezar, la manzana estaba otra vez infestada de paparazzi. Melissa lo llevó en coche al apartamento alquilado y Milan se instaló. Al día siguiente llegué a Rusk y vino a verme. Antes de que entrara en la habitación, Eliza fue a sentarse con él en la pequeña sala de espera y le contó lo que podía esperar: mis heridas, mi fatiga, todo lo demás.

Fue un encuentro muy emotivo. Yo andaba bajo de energías, pero me alegré muchísimo de verle. Milan me dijo después que había digerido la mayor parte de la angustia y el miedo respecto a lo que me había ocurrido en su larga y solitaria travesía del Atlántico, de modo que al llegar a mi habitación pudiera sentirse simplemente feliz de verme, y de ver que yo seguía siendo «el papá de siempre», hablador, bromista. Me alegro de que se perdiera lo peor del proceso, aunque sí le inquietó ver el ojo vendado, la mano con la férula, las cicatrices en el pecho, que él insistió en que le enseñara pese a que (o porque) le dije que con las cicatrices aquello parecía un mapa del metro. Tener allí a Milan me levantó enormemente el ánimo; y que él viera, como me dijo, que podía levantarme y caminar.

Yo rebosaba optimismo; el optimismo era mi gran punto débil o gran punto fuerte (según a quién se lo preguntaran y según mi propio estado de ánimo). En el *Cándido* de Voltaire (el título completo es *Candide, ou l'optimisme*), la actitud positiva del protagonista ante los horrores del mundo raya la idiotez. (Si este es el mejor de los mundos posibles, entonces los universos paralelos deben de ser un verdadero infierno). Cuando escribí mi novela *Quijote*, satiricé mi personalidad haciendo de mi personaje central un optimista a la manera de Cándido. Y ahora, aun gravemente herido y obligado a guardar cama, empezaba a creer que lo peor había quedado atrás, que la llegada de Milan significaba un punto de inflexión y que pronto volveríamos a vivir días felices.

Sonó un timbre anunciando el final del horario de visitas y Milan se fue a su apartamento. Al poco rato la vejiga me comunicó que mi optimismo era prematuro.

Esto no hay manera elegante de explicarlo. Venía teniendo problemas al orinar. Me entraban las ganas, cogía la cuña, pero luego parecía haber un bloqueo. La sensación era bastante desagradable, incómoda, pero poco más. Trajeron una máquina que podía averiguar hasta qué punto tenía la vejiga llena. Estaba peligrosamente llena, me dijeron. Lo que vino a continuación es casi demasiado doloroso para describirlo.

Mi primer catéter.

Querido lector: si nunca han tenido que introducirte un catéter en tu órgano genital, haz todo lo que puedas por conservar intacto ese momento. Yo había cumplido setenta y cinco años de vida sin haber sido sometido a esta ignominia, pero qué le íbamos a hacer. Solo diré que los sonidos que salieron de mi boca durante el proceso no los había oído nunca. Era el sonido de mi pene suplicando misericordia.

Por no extenderme demasiado sobre este tema: los problemas urinarios continuaron. La urgencia de orinar, la práctica imposibilidad de hacerlo, la incomodidad de intentarlo sin resultados, la vejiga cada vez más llena. Empecé a temer las visitas periódicas de la enfermera Vejiga y su vejigómetro. Y con motivos de sobra para temer a una y al otro.

Durante mi estancia en Rusk hubo una segunda experiencia con el catéter.

Y luego una tercera.

Fue entonces cuando uno de los médicos del equipo, el doctor Genio, empezó a pensar si la causa del problema no sería algún componente del cóctel de pastillas e inyecciones que me administraban a intervalos regulares. Identificó incluso al posible culpable (yo lo bauticé como Malevomicina). Dejaron de darme ese medicamento y a las pocas horas se produjo una transformación. Fue como si dentro de mí una presa hubiera abierto sus compuertas. Y, de repente, lo que antes parecía casi imposible volvió a ser fácil otra vez.

Cuando un paciente descubre que es el medicamento lo que le enferma, la sensación de frustración puede hacerle explotar. Yo intenté refrenar mis sentimientos, pero es posible que no lo consiguiera del todo. Las enfermeras fueron comprensivas. Enfermera Vejiga continuó con sus chequeos, solo que ahora su vejigómetro daba buenas noticias. Todo el mundo respiró aliviado. Y nadie se disculpó por recetar la Malevomicina que había sido la causa del problema.

(Un problema médico provocado por medicamentos se conoce como trastorno iatrogénico. Excelente término para algo nada excelente. Lo supe por Isabel Fonseca, la mujer de Martin Amis. Fue Martin quien lo averiguó, faltaría más).

Pero la cosa no había acabado ahí, porque el problema con ese medicamento había provocado un problema secundario: una grave infección del tracto urinario. Me esperaban por lo menos dos semanas de antibiótico.

Milan había estado investigando.

–Papá –dijo, sentado junto a mi cama–, en muchos casos basta una cuchillada para matar alguien. A ti te apuñalaron quince veces y aún estás vivo.

–Bueno, verás –le dije–, ahora el personaje de ficción con el que más me identifico es Lobezno. –El X-Man con el «factor sanador» de superhéroe.

Eso le hizo reír:

–Sí, igualito pero sin las garras, papá.

Con Milan allí, Eliza pudo descansar un poco. Apenas si se había separado de mí desde su llegada a Erie, pero ahora podría tomarse un pequeño respiro; Milan y ella se turnarían para estar a mi lado. En Rusk seguía un horario muy completo, terapia física alternada con terapia ocupacional y, entre una cosa y otra, inspecciones a cargo de médicos y enfermeras. Hasta las cuatro de la tarde no terminábamos. Milan venía a verme en el turno de tarde, y después lo hacía Eliza.

También vimos que la «cama» en la que ella tenía que dormir era demasiado pequeña y rudimentaria, muy incómoda.

–Es de locos que trates de dormir en esa cosa –dije– cuando tienes tu propia cama a tiro de taxi.

A ella le preocupaba irse a casa.

–¿Y los paparazzi? –dijo.

–Que les den por saco –contesté–. Te mereces dormir como es debido.

A partir de ahí, pasé las noches solo. Estaba atrapado en una cama provista de una alarma conectada para que pitara si yo hacía el menor intento de bajar sin ayuda. ¿Libertad? No lo parecía. Mi mundo se había reducido al tamaño de aquella ruidosa cama, y las camas de hospital no estaban pensadas para dormir en ellas. Eran para que no te movieras de sitio mientras entraba y salía gente a todas horas para comprobar tus constantes vitales, extraerte sangre, darte la medicación y preguntar cómo te encontrabas. No estaba claro por qué los policías que montaban guardia en el pasillo pensaban que las tres de la mañana era el mejor momento para contarse chistes verdes y ponerse a reír a carcajada limpia. Por qué la mejor hora para sacarte sangre eran las cuatro de la mañana, tampoco me lo explicó nadie. Otro tanto la razón de que enfermera Ojo tuviera que encender las potentes luces del techo para cambiarme el vendaje a las cinco de la mañana. Sobre las cinco y media, el hospital estaba totalmente despierto, empezaba la jornada y ya podías olvidarte de dormir.

Como es fácil deducir del párrafo anterior, yo empezaba a estar medio desquiciado. Desde siete plantas más abajo me llegaba la música de la ciudad: ambulancias, coches de bomberos, sirenas de policía, SUVs con las ventanillas bajadas lanzando al viento andanadas de hip-hop, juerguistas ebrios riendo a pleno pulmón mientras volvían haciendo eses a sus respectivas casas. Eran sonidos familiares y me gustaban, pero al mismo tiempo subrayaban un hecho melancólico: yo estaba en mi ciudad, sí, pero de momento no formaba parte de ella, o no del todo. El cuchillo me había separado del mundo a tajo limpio, confinándome a aquella ruidosa cama.

Durante esas noches sin poder dormir, pensé mucho en El Cuchillo en tanto que idea. Cuando un cuchillo hace el primer corte en una tarta nupcial, forma parte del ritual por el que dos personas se unen. Un cuchillo de cocina es un utensilio indispensable del creativo arte de cocinar. Una navaja suiza es un aditamento capaz de realizar muchas tareas pequeñas pero necesarias, tales como abrir una botella de cerveza.

La navaja de Ockham fue un cuchillo conceptual, un cuchillo de teoría, que echaba por tierra un montón de chorradas al recordarnos que la explicación más sencilla es siempre preferible a una muy compleja. En otras palabras, un cuchillo era una herramienta que adquiría significado por el uso que hacíamos de ella. Una herramienta éticamente neutral. Lo inmoral era el mal uso que se hacía de los cuchillos.

Toma ya, me dije a mí mismo. Una pausa obligada. ¿No equivalía eso a decir «Las armas no matan personas; las personas matan personas»? ¿No estaba cayendo en una trampa conocida?

No. Porque un arma de fuego solo tenía un fin. No se puede cortar una tarta con una Glock, ni cocinar con un AR-15 o abrir una botella de cerveza con la Walther PPK tan querida de James Bond. Un arma de fuego solo tenía sentido en el mundo a través de la violencia; su único fin era causar daño, por no decir segar una vida, fuera animal o humana. Un cuchillo era otra cosa.

El lenguaje también era un cuchillo. Podía cortar el mundo en dos mitades y revelar su significado, su funcionamiento interno, sus secretos, sus verdades. Podía cortarlo para pasar de una realidad a otra. Podía destapar tonterías, abrir los ojos a la gente, crear belleza. El lenguaje era mi cuchillo. Si a mí me hubieran pillado inesperadamente en una pelea con armas blancas, puede que este hubiese sido el cuchillo que podría haber usado para defenderme y atacar. Podría ser la herramienta que utilizaría para rehacer y recuperar mi mundo, para reconstruir el marco en el que mi imagen del mundo volvería a estar colgada de la pared, para así hacerme cargo de lo que me había pasado, hacerlo mío.

Pero ¿acaso era esto una mentira que yo me contaba a mí mismo para consolarme?, ¿era pura ampulosidad sin pies ni cabeza? ¿Quería realmente devolver el golpe? Hubo momentos —frecuentes, en aquella cama opresiva— en los que me pareció que llevaba toda la vida peleando y que el universo quizá me estaba diciendo que no tenía por qué seguir haciéndolo, que podía parar. Podía gritar «me rindo» y aceptar la derrota. Tal vez era ese el mensaje del cuchillo. *Ciudad Victoria* iba a salir a la venta en febrero. Mi vigesimoprimer libro: estaba orgulloso de él. Confiaba en que tuviera una buena acogida. Quizá sería un momento tan bueno como otro para renunciar a la lucha, el mejor mutis que la vida podría ofrecerme. Quizá era el momento de hacer como Philip Roth, renunciar a la literatura y pegar un post-it en mi ordenador que dijera «La lucha ha terminado». En este el mejor de los mundos posibles, *il faut cultiver son jardin*. Yo no tenía ni idea de jardinería, y tampoco unas ganas especiales de aprender.

La primera visita que recibí, familia aparte, fue la de mi agente y amigo Andrew Wylie. Andrew parece un hombre adusto pero es muy sentimental, y cuando nos abrazamos casi rompió a llorar. Andrew es una persona leal, cariñosa, muy inteligente y muy divertida, nada que ver con ese apodo que le ha colgado el mundillo editorial, «el Chacal». (Creo que a él le gusta. Le hace parecer peligroso). Me dejó clara su idea sobre cómo salir adelante.

—No sé si podré volver a escribir —le dije.

—Mejor que esperes un año antes de pensar en hacer nada —dijo—, salvo recuperarte.

—Es un buen consejo —dije.

—Pero antes o después escribirás sobre todo esto, claro.

—No sé —dije—. No estoy seguro de querer hacerlo.

—Lo harás —dijo.

En el baño de mi habitación había un espejo. Por primera vez en casi tres semanas, pude echar un vistazo a mi cara. Le dije a la enfermera que me había acompañado hasta allí que podía apañarme solo, cerré la puerta y me enfrenté al espejo. Aquella misma mañana un segundo doctor Grapas, un médico grapero de Nueva York, había tomado el relevo de la versión Erie, me había dicho que aún tenía unas cuantas grapas en el cuello, ocultas bajo la barba crecida, y me las había quitado.

Así pues, la cara que vi en el espejo estaba felizmente libre de cacharritos metálicos. Las heridas estaban cerradas.

Un hombre ve su reflejo y no está seguro de reconocerse. Tú quién eres, le pregunta a la figura en el espejo. ¿Acaso te conozco? ¿Volverás a mí tarde o temprano, o esto es lo que soy ahora, un semidesconocido, tuerto y con el pelo alborotado? «Te miro y no te reconozco —cantaban los Beatles—. ¿Adónde has ido?». El hombre que está en el baño le habla al del espejo: Piensan que no doy la talla para este papel, ¿verdad? Vale, han buscado a otro. Han resucitado a un muerto y le han dado las escenas que me correspondían a mí. Me despedirán y serás tú el que actúe. ¿Qué va a ser de mí, entonces? ¿Adónde voy a ir? ¿Y qué hay de mi arco narrativo? ¿Cómo se resuelve eso?

Los labios del hombre del espejo no se mueven. Un tajo cruza la parte alta de su frente. En la comisura izquierda de la boca tiene un corte. La barba le crece de cualquier manera, asilvestrada. Tiene el párpado del ojo derecho cerrado con puntos. El hombre consigue mover las tripas. Consigue limpiarse solo. La expresión del ojo bueno es triste. La de la cara es de sorpresa. El hombre está haciendo bien su papel.

El que está en el lavabo alarga el brazo hacia la superficie del espejo. Su mano derecha, la buena, la toca, el tacto es blando, como de un líquido espeso. Su mano atraviesa la superficie, y acto seguido el resto de su cuerpo se ve arrastrado también. Ahora es el hombre del otro lado del espejo y el espejo queda a su espalda, oscuro. Él es el desconocido que tiene que representar su papel.

En el mundo del espejo, el otro mundo —el del baño— no se puede ver. El rectángulo del espejo está oscuro, como la pantalla de un cine antes de que empiece la película. Entonces empieza la película. Él está en el cuarto de los niños de la casa paterna, en Bombay, tiene unos siete años y está leyendo un libro tumbado en la cama. Sus hermanas escuchan extasiadas. El libro es *Peter Pan*. Él conoce esta escena. Es una fotografía que hizo su padre con una cámara Rolleiflex. Tanto él como Sameen tienen una ampliación de la foto en la pared de sus respectivas casas. Es una imagen idílica que enmascara la verdad.

La imagen cambia y ahora el libro está cerrado y es de noche. Oyen los ruidos nocturnos de sus padres, que las puertas cerradas amortiguan. El padre gritando. Las lágrimas de la madre.

La imagen cambia de nuevo. Él ya no es un niño, sino un adolescente. Es de día y su padre está pegando a su madre, y el entonces adolescente hace algo de lo que nunca se habría creído capaz. Se acerca a su padre y le cruza la cara de un bofetón. Y, de inmediato, piensa: «Dios, ahora me pegará». Su padre no era muy alto pero sí muy fuerte. «Dios, me va a romper la mandíbula». Pero su padre se alejó y no le hizo nada. ¿Se sentía avergonzado, quizá?

Ahora tiene treinta y cuatro años y ha escrito un libro de éxito, y su padre amenaza con divorciarse de su madre por culpa de dicho libro. El retrato que se hace del padre ha ofendido a su padre, porque el padre del libro tiene problemas con la bebida. «Tú le empujaste a hacerlo —le reprocha su padre a su madre—. ¡Si no, no se habría atrevido! ¿Cómo se habría enterado de todo esto?». Él quiere decirle a su padre que los niños oyen a través de las puertas. Desea decirle a su padre: «Si hubiera querido ir a por ti, habría metido un montón de cosas que no incluí».

Abandona la casa familiar y no regresa hasta la semana en que su padre fallece. El espejo está oscuro otra vez.

Una cosa es la rehabilitación del cuerpo, y otra la de la mente y el espíritu. Cuando me marché de casa rumbo a Londres, era la primera vez que atravesaba el espejo y hube de redescubrirme y re-hacerme (rehabilitarme) en otra realidad, representar un nuevo papel en el mundo. Tras la fetua de Jomeini, me tocó hacerlo de nuevo. Cuando dejé Londres por Nueva York fue la tercera vez. Y esta de ahora, aquí en Rusk, era la cuarta.

—¿Todo bien ahí dentro? —quiere saber la enfermera.

—Sí, es que necesito tiempo.

—Sin prisas. Cuando esté, tire de la cadena.

Aquella primera rehabilitación.

Seso, nos dice Pirsig en *Zen y el arte del mantenimiento de la motocicleta*, es lo que el espíritu necesita para situarse en un buen lugar, y el espíritu adquiere seso estando en contacto con la Calidad:

> Me gusta la palabra «seso» porque ... describe exactamente lo que le sucede a alguien que conecta con la Calidad. Todo él se llena de seso...
> Una persona que tiene mucho seso no se pasa el día sentada rumiando sobre tal o cual cosa, sino que está a la cabeza del tren de su propia conciencia, atenta a lo que pueda haber más adelante en la vía y afrontándolo cuando aparezca.

Tras abandonar la casa de mis padres para buscarme la vida en Londres, tardé mucho en estar a la cabeza del tren de mi conciencia. Tenía un empleo, pero no el que yo quería. Intenté escribir, pero no salió nada que mereciera leerse. Incluso cuando me publicaron una novela, gran parte del libro me parecía mala. No me oía a mí mismo en las frases, y tampoco estaba seguro de quién podía ser ese *yo* que aspiraba a oír en ellas. En aquellos tiempos le preguntaba a menudo al espejo del cuarto de baño quién era yo; el espejo no tenía respuesta. Solo después de encontrar el modo de narrar lo que acabaría siendo *Hijos de la medianoche* —un libro en el que traté de recuperar no solo la India sino a mí mismo y que transcurre en una ciudad, Bombay, buena parte de la cual se construyó sobre terrenos ganados al mar—, pude «conectar con la Calidad»; después de aquello vino el autoconocimiento, y el depósito de seso quedó lleno hasta arriba. Yo no quería reparar ninguna moto, pero aprendí que mediante la literatura podía repararme a mí mismo.

La segunda rehabilitación.

Después de la fetua, y de la década subsiguiente de vida semiclandestina bajo protección policial, de poco me fue no perderme otra vez a mí mismo; pasé una temporada sin dar pie con bola. El peligro era real, pero la hostilidad general era tan mala o peor. La razón de que no solo me consolara la oleada de buenos sentimientos que recibí tras el atentado con cuchillo, sino que me sorprendiera también, fue que tras la fetua hubo un respaldo similar pero también una dolorosa cantidad de críticas mordaces. En Occidente, muchas voces decían (y no solo los ya citados Hugh Trevor-Roper, Richard Littlejohn, Jimmy Carter y Germaine Greer): «Él se lo ha buscado, por meterse con "su propia gente", y ahora tenemos que sacarlo nosotros del aprieto; criticó a Thatcher pero ahora su gobierno pone dinero para salvarle el pellejo y a él le parece la mar de bien, y ¿en serio alguien pretende matarle, o es solo que le gusta llamar la atención?, y ¿por qué hemos de pagar tanto dinero para protegerle cuando parece que él está la mar de bien? Y de todos modos nos cae bastante mal porque no es muy simpático».

(Para que quede constancia: que yo sepa, hubo al menos seis complots para asesinarme en los años siguientes a la fetua, complots que los servicios de inteligencia británicos lograron abortar).

Más doloroso aún fue el rechazo por parte de personas sobre las que había escrito (con amor, pensaba yo). Podía entender la reacción de Irán. Era un régimen brutal y yo nada tenía que ver con él, salvo que dicho gobierno intentaba matarme. La hostilidad por parte de India, Paquistán y las comunidades sudasiáticas del Reino Unido fue mucho más difícil de soportar, y aún hoy la herida sigue abierta. Tengo que aceptar ese rechazo, pero es duro. Entré en otra espiral descendente, aquellos años, y pasó tiempo hasta que pude afrontar la situación y encontrar el lenguaje con que expresar mi rechazo, y me embarqué en la defensa de los principios de la libre expresión, un tema mucho más importante que la defensa de mi obra y que se ha convertido en un hito en mi vida. ¿Que la hostilidad contra mí continuaba? Pues muy bien. Hice de la literatura —y la imaginación— mi hogar e intenté escribir lo mejor posible.

Asunto seguridad personal: pasaron los años y comprendí que si esperaba a que alguien me dijera «Se acabó el problema, estás a salvo», ese día no iba a llegar nunca. La única persona que podía tomar la decisión de escapar de la red de seguridad de protección policial las veinticuatro horas y volver a llevar una vida normal era yo.

Tomé la decisión. Mudarme a Nueva York en el año 2000 formó parte integral de ella, porque en Estados Unidos no había una autoridad gubernamental que insistiera en tenerme encerrado dentro del puño de los cuerpos de seguridad. Yo podía hacer lo que quisiera. Pero esta mi segunda migración transcontinental también planteaba problemas.

La tercera rehabilitación.

Para retomar una vida de libertad —conseguir el alta del mundo de la máxima seguridad y ser aceptado por la sociedad biempensante— tenía que superar el miedo que mi mera presencia podía inducir en los demás. Andrew Wylie me invitó a pasar unos días en su casa con él y su esposa, Camie, en Water Mill, Long Island, para celebrar mi llegada. Una noche me llevaron a cenar a Nick & Tony's, un restaurante de East Hampton que estaba de moda y que yo no conocía. No hacía ni dos minutos que nos habíamos sentado cuando pasó por allí el artista Eric Fischl y se detuvo para saludar a Andrew. Entonces señaló hacia mí y me preguntó directamente: «¿Deberíamos asustarnos y salir corriendo de aquí?». Yo intenté mantener la calma. «No sé, yo voy a cenar —dije—. Usted haga lo que mejor le parezca».

Este breve encuentro me enseñó una lección. La única manera de no parecer, a ojos de los demás, una especie de bomba con patas era comportarme, en público y con frecuencia, como si no hubiera absolutamente nada que temer. Solo haciendo alarde de mi propia falta de miedo podría ir convenciendo a los demás de que no tenían por qué asustarse cuando yo apareciera. No fue fácil. El *New York Post* me sacó en primera plana, y dentro había una tira cómica insinuando que quizá me asesinarían en Nueva York. Un amigo americano que estaba viviendo en Londres me escribió diciendo que si no contrataba inmediatamente a un guardaespaldas, lo que «todos temíamos» acabaría pasando. Milan tenía casi cuatro años y Elizabeth, su madre, se resistía a permitir que el niño viniera a pasar un tiempo conmigo. Y yo, por mi parte, no tenía manera de garantizar que no había ningún peligro. Solo contaba con mi instinto, y el instinto me decía: «Vive. Vive».

Y eso hice. Puse en marcha un programa de salidas de alta visibilidad donde pudiera ser fotografiado y la prensa pudiera hacerse eco de mi presencia. Funcionó. La gente se acostumbró a la idea de que yo estaba por allí, haciendo mi vida, y sin causarle problemas a nadie. Alcancé la libertad gracias a vivir como un hombre libre. Me volví «aceptable».

No fue solo cosa de instinto. En las oficinas de la Agencia Wylie me encontré con agentes del departamento de Policía de Nueva York que me aseguraron que no tenían noticia de ninguna amenaza contra mi persona en el área de la ciudad. «Lo del *Post*, de hecho, nos hizo un favor —dijo uno—. Porque si aquel tipo de publicidad no provocaba el menor problema, era bueno saberlo. Y cuando salió no pasó nada. En ninguno de los canales que tenemos controlados hubo el menor interés». Saber eso me tranquilizó mucho.

Mi estrategia tuvo un inesperado y desafortunado efecto secundario. Tal vez porque a los medios les resultó chocante mi reaparición tras una década de práctica invisibilidad, y porque para la prensa sensacionalista —de hecho, no solo la sensacionalista— se había convertido en una cosa habitual reflejar cuanto yo decía o hacía bajo una luz negativa, se me calificó, casi de la noche a la mañana, de «fiestero», superficial, frívolo, un tipo poco serio en busca de fama. No hubo apenas el menor intento de entender lo que podía significar para mí ser yo mismo, y casi ninguno de esos medios se alegró de que por fin pudiera salir a campo abierto sin necesidad de guardaespaldas. El sambenito de «fiestero» no me lo he quitado de encima. Tras lo ocurrido el 12 de agosto, un buen amigo mío cayó también en esa trampa; en una entrevista por televisión dijo que, como ahora no podía ir a fiestas y demás, quizá me pondría por fin a escribir. O algo así. Cuando se lo eché en cara, dijo que solo pretendía hacer un chiste. Luego admitió que la cosa no había, y cito textualmente, «llegado a buen puerto».

La cuestión es (me han hecho bastantes veces esta pregunta desde el atentado): ¿cometí un error al plantearme una nueva vida, libre de preocupaciones? A toro pasado, ¿no debería haber sido más cauto, más discreto, más consciente del peligro que acechaba en las sombras? ¿Me inventé mi propio limbo para luego descubrir, dos décadas más tarde, hasta qué punto había sido un idiota? ¿Me había puesto yo mismo, por decirlo así, a disposición del cuchillo?

En otras palabras —como mucha gente venían diciendo—, ¿fue culpa mía?

Para ser absolutamente sincero, durante aquellos primeros días de debilidad física y escaso ánimo en la sala de trauma, fue una pregunta que yo mismo me hice. Pero, a medida que recobraba fuerzas, tanto de cuerpo como de espíritu, rechacé ese análisis con todo el énfasis. Me dije a mí mismo que la verdadera estupidez es lamentar cómo ha sido tu vida, porque la persona que así se lamenta ha sido moldeada por esa vida que a posteriori deplora. Seguramente haya excepciones, pero muy pocas personas que deberían lamentarse de ello —Donald Trump, Boris Johnson, Adolf Eichmann, Harvey Weinstein— raramente lo hacen. Sea como sea: tanto si ese principio general valía como si no, en la situación en la que yo me encontraba, a mí me valió. Hacía casi veintitrés años que llevaba una vida plena en Nueva York. Hubo errores por el camino, muchos, y cosas que podría haber hecho mejor, y eso sí lo lamento, pero ¿mi vida en general? Me alegro de haberla vivido, y he intentado vivirla lo mejor posible.

El trastorno por estrés postraumático puede manifestarse en una amplia variedad de maneras: interminables rebobinados mentales del suceso traumático, repentinos ataques de pánico, depresión. Yo no tuve esos síntomas. Lo que tenía —lo que aún tengo, mientras escribo esto, varias veces a la semana— eran y son pesadillas.

En Hamot, cuando estaba despierto en mi habitación, oía los gemidos y los gritos de mis vecinos. Lo que no oía eran mis propios cánticos nocturnos. Pero tenía pesadillas todas las noches y me agitaba en la cama, gritando y llorando, y suerte que la cama tenía barandilla a ambos lados, porque de lo contrario me habría caído. Mis ruidos despertaban a Eliza, que se acercaba y me cogía la mano y me despertaba con dulzura para decirme que no pasaba nada.

Pero sí pasaba. En mis horas de vigilia hacía lo posible por mantener la calma, sereno, optimista, resuelto. Pero cuando estaba dormido todas mis defensas fallaban, y entonces aparecían los horrores nocturnos. Mi yo despierto, con su laboriosa compostura, era en cierto modo un embuste. El desenfrenado lenguaje nocturno de mis sueños decía la verdad. «Lenguaje nocturno» es un término joyceano, pero no voy a intentar aquí remedar el lenguaje de *Finnegans Wake*, ese gigantesco esfuerzo de Joyce por plasmar en la página la sintaxis de la mente dormida. Habrá que contentarse con simples descripciones de mis sueños.

Lo que soñaba no era una secuencia del atentado, pero casi siempre había violencia. En los sueños alguien que era «yo» se veía perseguido o agredido por un enemigo, normalmente armado de una lanza o una espada, igual que el enemigo con el que yo había soñado justo antes de marcharme de casa para ir a Chautauqua. A veces sucedía en un estadio, a veces en una jaula, a veces en campo abierto o en la calle. Pero yo siempre estaba huyendo, siempre perseguido, y en muchas ocasiones perdía el equilibrio y, ya en el suelo, rodaba hacia la izquierda o hacia la derecha para esquivar los envites de mi enemigo. En la cama, me agitaba también.

No siempre era yo el personaje central. Soñé con el momento en que el duque de Cornwall deja ciego al conde de Gloucester en *Rey Lear*. Para ser más concreto, soñé el recuerdo que tuve a los sesenta años del día en que, siendo un colegial de quince años, nos llevaron de excursión a Stratford-upon-Avon para ver el famoso montaje de *Lear* a cargo de la Royal Shakespeare Company bajo la dirección de Peter Brook, con Paul Scofield en el papel del rey, Diana Rigg como Cordelia y, en los papeles del trágico Gloucester y el cruel Cornwall, John Lawrie y Tony Church. «Con el pie aplastaré tus ojos». «Que alguien me socorra. ¡Oh, cruel! ¡Oh, dioses!». «¡Fuera, vil traidor! ¿Qué ha sido de tu encanto?». A mí, en plena adolescencia, aquella escena me aterró, y no se me había olvidado. Jamás pensé que sería víctima de una versión de lo que le ocurrió a Gloucester. Pero ahora soñaba con ello.

Había otro sueño, muy extraño, que recordaba a *La balsa de la Medusa*, de Géricault, solo que la gente que iba en la balsa eran los surrealistas —Max Ernst, René Magritte, Salvador Dalí, Luis Buñuel, incluso Leonora Carrington—, y peleaban como locos intentando sacarse los ojos unos a otros.

Soñé que quedaba atrapado en una multitud de personas con la cara blanca como de cerámica.

Soñé que el avión en que viajaba se veía obligado a hacer un aterrizaje forzoso, y que los pasajeros gritaban: «Moriremos todos».

Soñé con una ciudad sitiada y que yo iba a la cabeza de la caballería que acudía al rescate, pero en el sueño yo era consciente de que nuestra galopada era en vano, de que no llegaríamos a tiempo de impedir que la ciudad fuera saqueada e incendiada.

Soñé con el escaso valor de la vida humana, un mercado callejero de compraventa de personas a cambio de monedas antiguas: annas, paise, chelines, farthings.

Soñé que volvía a mi querido Bombay –no Mumbai– y me postraba de rodillas para besar el asfalto al bajar del avión, pero cuando levantaba la vista había toda una multitud que me gritaba «Dafa ho». ¡Largo de aquí!

Soñé con homicidios injustificados. Y el asesino era yo. Y matar era un gusto. Cuando me desperté tenía a Johnny Cash en la cabeza cantando «Folsom Prison Blues», aquello de «En Reno le pegué un tiro a uno, solo para ver cómo se moría».

Hasta que pasaran seis semanas, yo no podía hacer nada de nada con la mano izquierda. Continuaba atrapada en su férula como un pájaro enjaulado. Mientras tanto mi terapeuta ocupacional, Rose, una mujer afable y práctica, con el mismo nombre que mi abuela, me ayudó a aprender a poner dentífrico en el cepillo con una sola mano, a cómo lavarme en la ducha con una sola mano, a cómo vivir –provisionalmente al menos– en un mundo manco. Y un mundo tuerto. Cuando no ves lo que –o quién– viene por tu lado derecho, no queda otra que enseñarte a ti mismo a volver la cabeza a menudo y mirar en esa dirección. Y has de procurar que eso no te deprima. Tienes que mejorar la experiencia de verter agua en un vaso, confiando en que el cerebro hará los ajustes necesarios para compensar lo que has perdido.

Tienen que controlarte a menudo la respiración –tomar aire, expulsarlo–, hay máquinas para comprobar la fuerza de ambas cosas. ¿Puedes levantarte de la cama (una vez desconectada la alarma) y caminar? ¿Puedes ir hasta la puerta de la habitación y salir? ¿Puedes deambular por toda la planta y luego volver? ¿Puedes ir andando hasta el gimnasio de la terapia física, donde tu risueña y bastante exuberante fisioterapeuta, Faye, tomará el relevo de Rose? ¿Puedes usar la bicicleta estática? ¿Puedes ir más deprisa? Ahora, si incrementamos el peso, ¿puedes hacerlo también? ¿Diez minutos ¿Veinte? ¿Puedes cruzar el gimnasio poniendo un pie justo delante del otro? ¿Puedes andar hacia atrás? ¿De lado? ¿Subir esos escalones? ¿Bajarlos? ¿Puedes ir serpenteando entre el pequeño laberinto que te ha construido Faye? ¿Te mareas? ¿Estás bien? ¿Ves los objetos que ella ha situado en diversos puntos, unos a ras de suelo, otros muy arriba, otros más a nivel de la vista? ¿Puedes superar las pruebas que determinan si estás en condiciones de reincorporarte al mundo exterior? Bueno, aún te falta fuerza, ¿no crees?, y estabilidad. Así, ¿ves? Vas mejorando. Está muy bien. Venga, a ver si puedes repetirlo de arriba abajo.

Tanto Rose como Faye me dijeron que era un tipo con mucha determinación. Que eso ayudaría. Que era bueno.

Rose y Faye se ocupaban de mí cuatro horas al día. Gracias a ellas me sentía más fuerte y más capaz de lidiar con los nuevos problemas de la vida cotidiana. Y, una vez dejé de tomar el medicamento que me impedía orinar, sentí una oleada de optimismo. El servicio normal iba a reanudarse en breve. Y luego llegaron las galeradas de *Ciudad Victoria*. Para mí, ese el mejor momento de todo el proceso de publicar un libro, cuando tienes por primera vez en tus manos el libro impreso y sientes que es una realidad, que tiene vida. Debido a lo que me había pasado en Chautauqua, la última página de *Ciudad Victoria*, cuando su personaje central, la poeta Pampa Kampana, habla sobre el poder de las palabras para sobrevivir a cualquier imperio, terminando con la frase «Las palabras son los únicos vencedores», ya se citaba profusamente aquí y allá. Eliza me pidió que leyera la página mientras ella me filmaba. Al hacerlo, noté un nudo en la garganta. Tuve que esforzarme para que no se me saltaran las lágrimas.

Al menos, yo era todavía, o lo sería pronto, un escritor que había escrito un libro.

Eliza me pidió que hablara a la cámara sobre *Los versos satánicos.*

Cuando empecé a escribir ese libro, jamás se me ocurrió que no estuviera autorizado a hacerlo. Tenía unas historias que quería narrar y estaba intentando ver de qué manera contarlas. Eso era todo.

(A veces pienso que pertenezco a otra era. Recuerdo estar en el jardín de nuestra casa cuando era un niño, en los años cincuenta, oyendo conversar y reír a mis padres y sus amistades mientras hablaban de esto y aquello, desde política contemporánea hasta la existencia de Dios, sin sentir la menor presión de autocensurar o diluir sus opiniones. También recuerdo estar en el apartamento de mi tío favorito, Hameed Butt, quien a veces escribía para el cine, y de su esposa Uzra, actriz y bailarina que a veces actuaba en esas películas. Los veía jugar a las cartas con sus colegas peliculeros, hablando en un lenguaje aún más descarado sobre esto y lo de más allá y riendo más escandalosamente aún que los amigos de mis padres. Fue en esos escenarios donde aprendí la primera lección de lo que es expresarse con libertad: que uno debe darla por sentada. Si temes las consecuencias de lo que estás diciendo, entonces no eres libre. Cuando estaba escribiendo *Los versos satánicos*, en ningún momento pensé en tener miedo).

De hecho, al principio pensé que quizá no sería un solo libro, sino tres. Uno sobre la aldea que se adentra en el mar, el segundo sobre todo eso del nacimiento de una religión, y el tercero, más largo, sobre los inmigrantes sudasiáticos en el Londres contemporáneo. Y un día, yendo en un avión rumbo a, si no me equivoco, una feria literaria en Australia, comprendí que todas las historias eran episodios de la vida del arcángel Gabriel, y vi claro que era un solo libro. El personaje principal se llamaría Gibreel Farishta. Gibreel, Gabriel; y Farishta, ángel. No hubo más. No pretendía ofender ni insultar a nadie. Solo intentaba escribir una novela.

A decir verdad, me alegraría mucho no tener que hablar nunca más de *Los versos satánicos*. Mi pobre y difamado libro. Quizá un día tanto él como su difamado autor volverán a ser libres.

Me hacía mucho más feliz pensar en mi nueva novela. A mi querido amigo Martin Amis le gustaba decir: «Cuando publicas un libro, una de dos: o sales impune o no sales impune». Esta vez yo confiaba en salir impune.

Rumores no confirmados aseguraban que yo había sido trasladado a Manhattan por medios desconocidos y que estaba ingresado en Rusk. Los primeros días hubo presencia de los medios frente al hospital. Después de la tercera visita de Milan, cuando este acababa de salir a la calle, un coche se puso a su altura y un hombre gritó desde dentro: «¡Milan!». Mi hijo siguió caminando, el coche paralelo a él, y otra vez el hombre gritó «¡Milan!». Milan tuvo la suficiente presencia de ánimo como para torcer a la derecha en sentido contrario al tráfico, impidiendo así que el coche le siguiera. El hombre no volvió a aparecer por allí, pero Milan estaba preocupado. No obstante, supo mantener la calma. Estaba en Nueva York para echar una mano en cuidar a su padre, y eso era lo único que importaba.

El día del atentado, delante de casa, se personaron fotógrafos de una agresividad inusitada; a Eliza llegaron a sujetarla y empujarla de mala manera cuando intentaba llegar al garaje, ansiosa pensando que su marido podía estar agonizando. Tras esa experiencia, fue incapaz de ignorar sin más a los paparazzi, como yo le sugería. Ella lo veía como un acoso por parte de gente desconocida. ¿Y si alguno llevaba en la mano algo más que una cámara?

Eliza dormía en casa, pero por la noche no había paparazzi acechando. Si se marchaba a primera hora de la mañana podía evitarlos, pero tenía cosas que hacer, estaba en las últimas fases de editar *Promise*. Dado lo que nos había ocurrido, no era tarea fácil, por decirlo suavemente. Sin embargo, Eliza es una mujer de una voluntad férrea y lo consiguió. Cuando tenía que sacar a pasear a su perro, un viejo border terrier al que llamaba Hero, a veces veía algún fotógrafo al acecho. A veces se quedaban dentro del coche (ella ya sabía qué coches eran), y de cuando en cuando una ventanilla bajaba para que asomara el hocico de un teleobjetivo largo apuntando hacia ella. Otras veces se apeaban para disparar. El intrusivo ritual se repetía cuando Eliza salía por la tarde para ir a Rusk. Ninguna de todas esas fotografías llegó a publicarse. No era a ella a quien querían hacerle una foto, pero eso no les impidió acosarla durante semanas. Hay aspectos de la libertad de prensa difíciles de defender.

Milan quería hablar sobre Trump. Yo no, la verdad, pero dije:

—Si sale reelegido, puede que vivir en este país se vuelva imposible.

A Milan se le iluminó la mirada.

—¿Quieres decir que igual volverías a Inglaterra?

Vi, y no por primera vez, hasta qué punto lo deseaba Milan, y que ahora, con las secuelas del atentado y el miedo muy real que tenía a volar, lo deseaba todavía más.

—No lo sé —dije—. Con el Brexit, se ha puesto también bastante insoportable. —Añadí, sin embargo, que antes del atentado Eliza y yo habíamos estado hablando de pasar más temporadas en Londres porque, al fin y al cabo, casi toda mi familia directa vivía allí. Pero, le dije a Milan, no era el momento de hablar de eso. Por ahora lo más urgente era poder valerme por mí mismo—. Dejemos esa conversación en espera...

Me debato entre Londres y Nueva York. Prefiero vivir en Nueva York, la verdad, pero el tirón de mi familia y de mis amistades más antiguas es muy fuerte. Todavía no puedo responder la pregunta que me hizo Milan. Pongamos esa conversación en espera.

Pasaron días, pasaron semanas, yo me iba recuperando. Pero aún quedaban muchos cabos sueltos. Para empezar, estaba el asunto de mi otro ojo, el que me quedaba.

En *1984*, George Orwell cuenta que cuando llevan a la gente a la Habitación 101 en el sótano del Ministerio del Amor, lo que encuentran en aquella horrenda cámara de torturas es —según el malvado O'Brien, agente de la Policía del Pensamiento— «la peor cosa del mundo». Ese «peor» variaba según el individuo. Para Winston Smith, el protagonista de la novela, lo peor del mundo eran las ratas.

Para mí siempre fue, y sigue siendo, la ceguera.

Muchos lectores de *Ciudad Victoria* se han preguntado si la escena en que dejan ciega a la heroína la escribí, o reescribí, después del 12 de agosto. Los hay que no creen que pudiera ser de otro modo. Pero se equivocan. Al escribir esa escena, estaba escribiendo sobre algo que siempre me había dado miedo: «la peor cosa del mundo». Y ahora me había quedado sin ojo derecho y el izquierdo sufría una degeneración macular, un problema de la retina que puede derivar en una pérdida casi total de visión. Y ese ojo era el único que me quedaba.

Durante varios años había recibido un tratamiento consistente en inyectar una sustancia directamente en el blanco del ojo, cada mes o dos. Durante mi estancia en Rusk me pusieron una de esas inyecciones; cuando me dieran de alta, volvería a mi especialista de siempre, el cual me había dicho que mi respuesta a la medicación era excepcionalmente buena y que, en consecuencia, la dolencia se había estabilizado.

Ojalá la cosa siga así. De lo contrario, me veré encerrado en la Habitación 101 todo el tiempo que me quede de vida.

Luego estaba el problema de la presión arterial. La tenía baja, y cuando me ponía de pie solía bajar todavía más, me mareaba y tenía que sentarme. Le dije a una de las enfermeras que venía a comprobar mis constantes vitales que me extrañaba, porque yo nunca había tenido el más mínimo problema con la presión sanguínea. Y ella me dijo, afable: «Es que perdió mucha sangre, ¿sabe?».

Se me pidió que llevara un corsé con cierre de velcro para prevenir las súbitas bajadas de tensión. Eso ayudó. En dos ocasiones me hicieron una transfusión de sangre. Eso ayudó también. Aparte, me dieron un medicamento para subir un poco la tensión, y poco a poco fue haciendo su efecto. Seguía teniendo la tensión bastante baja, pero estaba ya dentro del margen aceptable. Algo era algo.

Las semanas se sucedían lentamente en Rusk y yo iba un poco escaso de «seso». Empezaba a mosquearme sin motivo; por ejemplo, el tiempo que tardaba la enfermera en venir después de que yo tocara el timbre, pues era un problema si necesitaba ir al baño y no podía bajar yo solo de la cama porque la alarma se pondría a chillar. (Había recuperado fuerza en las piernas y ya era perfectamente capaz de ir solo al váter, pero estaba prisionero en mi cama). Había sido, creo yo, un buen paciente, pero ahora era impaciente. Le dije a Eliza: «Habrá que empezar a hablar del alta».

Nos dieron una fecha aproximada —el viernes 23 de septiembre—, justo tres semanas después de mi ingreso en Rusk y exactamente seis semanas después del atentado. Pero cerca ya del día en cuestión, me comunicaron que sería mejor demorarlo, al menos unos días.

El jefe del equipo –le llamaré doctor O.– vino a verme en una de sus rondas para decírmelo en persona. El equipo se había reunido para hablar de mi estado, y la demora respondía a una opinión consensuada. A mí, que tenía aquella fecha como meta, la demora se me hizo insoportable. Exploté emocionalmente. Necesitaba ir a casa, les dije, porque aquí empezaba a sentirme mal. Todo estaba más o menos en orden. Faye, mi fisio, dijo que yo había pasado las pruebas que le permitían afirmar que estaba en condiciones de recibir el alta médica. Rose, mi terapeuta ocupacional, también se manifestó contenta con mis progresos. Las heridas parecían haber curado. La tensión estaba bajo control. *Dejad que me vaya.*

–Si coge el alta voluntaria –dijo el doctor O. con suavidad–, será contra la recomendación de los médicos.

–De acuerdo –dije yo, la voz rota de emoción–, eso lo asumo.

Si la memoria no me falla, eso fue un miércoles. El jueves, bajé de la cama (la habían silenciado) y al instante sentí un fuerte mareo. Tuve que sentarme enseguida. Los médicos tenían razón: para recibir el alta era necesario que mi presión arterial estuviera realmente controlada.

A todo esto, Eliza y Sameen habían estado hablando. Les preocupaba que volviera a casa. Si los paparazzi merodeaban por allí, podía ser que otras personas lo estuvieran haciendo también, personas que tal vez no fueran armadas con grandes teleobjetivos sino con otra cosa. Fue Sameen quien me anunció que Eliza tenía un plan alternativo. Unos buenos amigos me habían ofrecido el loft que tenían en el Soho. Ellos estaban en Los Ángeles y no volverían a Nueva York hasta el día de Acción de Gracias, y estaban encantados de poder echar una mano. Le dirían al portero que estaríamos nosotros en el loft y le darían un pseudónimo que acordaríamos entre todos. Eso facilitaba una privacidad absoluta y, por lo tanto, una manera más segura y mejor de reincorporarme al mundo. Cuando Sameen me lo dijo, reaccioné negativamente. Yo solo quería ir a casa; no me interesaba otra estación de paso.

Quería dormir en mi propia cama, tener mis libros a mano. Pero cuando vi que Eliza y Milan hacían causa común a favor de la opción Soho, me ablandé. «Está bien –dije–, pues vamos al loft».

Eliza había estado hablando personalmente con profesionales de seguridad. Me dijo qué empresa era la que más le gustaba y concretamos los detalles con ellos. No iba a salir barato pero, al menos a corto o medio plazo, nos parecía necesario. Los de seguridad enviarían a un equipo para sacarme de Rusk cuando llegara el momento, y estarían también en contacto con el NYPD. Me sentí casi como un paquete programado para su entrega, pero acepté las reglas.

El lunes 26 de septiembre el equipo médico de Rusk me dio el visto bueno final. Se acabó la rehabilitación. Tras seis semanas y pico en dos hospitales, podía volver al mundo.

SEGUNDA PARTE

EL ÁNGEL DE LA VIDA

5

RECIBIMIENTO

El plan era salir de Rusk a las tres de la mañana con el máximo sigilo posible y bajar hasta Mercer Street por las calles desiertas para evitar miradas de todo tipo. A la una, yo ya estaba listo. Eliza llegó una hora después, acompañada —como apoyo moral— por nuestro amigo y extraordinario tocador de tabla, Suphala. Nos abrazamos contentos. Eliza estaba muy tensa, pero intentaba disimular porque yo no cabía en mí de entusiasmo. (Se lo noté, pese a sus esfuerzos). Nos entregaron un sobre con los papeles de mi alta, la pauta de la medicación, unos frascos de pastillas (calmantes por si hacían falta, Lipitor y algo para subir un poco la tensión), un inhalador para el asma y una pomada antibiótica para el ojo. Me puse el corsé para cerciorarme de que podría caminar sin marearme. Por fin, uno del equipo de seguridad se situó en la puerta junto con un agente de la policía local, y dio comienzo la salida. Horas antes me habían llevado abajo a fin de ver la puerta lateral por donde saldríamos, para que me familiarizara con la ruta y para garantizar que sería capaz de bajar unos cuantos escalones hasta el nivel de la calle. Entré en una camilla de ruedas y me marcho por mi propio pie, pensé yo, permitiéndome un instante de autocomplacencia. Un enorme SUV negro —un Escalade— esperaba fuera con el motor en marcha. No me fue fácil montar en el vehículo, por no poder usar las dos manos, pero me las apañé sin ayuda. Después montaron Eliza y Suphala, y el coche arrancó.

Jamás me había sentido tan exultante yendo en coche por Manhattan. Me acordé de una sensación similar, cuando el 29 de junio de 2016 tomé un taxi para ir a casa tras haber hecho el juramento requerido para conseguir la ciudadanía estadounidense. Aquella tarde la ciudad me había parecido otra, como si ya me perteneciera, o yo a ella. Fue una sensación muy potente. La de ahora lo era todavía más, y mientras surcábamos la noche neoyorquina me hice esta promesa: Voy a recuperar todo lo que pueda de la vida que llevaba, y lo antes que me sea posible.

Entramos en el edificio de la calle Mercer y el portero de noche nos saludó con un gesto de cabeza, sin dar muestras de reconocimiento. Subimos, y, al entrar en el hermoso apartamento de nuestros amigos, pensé: «Soy libre. Estoy vivo y soy libre». Eran las tres y media de la madrugada y fui derecho hasta una amplia, cómoda y, desde luego, no ruidosa cama. Me acosté. Eliza hizo lo propio, a mi lado, y de repente se deshizo en sollozos; no podía parar, tenía que sacar de dentro toda la tensión acumulada.

«Mi marido está en casa —decía, entre sollozos—. Mi marido está en casa».

Hay momentos, como este, en los que resulta doloroso poner los hechos por escrito.

Habíamos podido dormir a pierna suelta hasta muy tarde, sin que vinieran vampiros a las cuatro o enfermeras a las cinco o médicos a las seis. En las noches de hospital, la oscuridad es un regalo intermitente y tu cama no es tu amiga, de ahí que la comodidad de la cama de Mercer Street y la oscuridad que proporcionaban las cortinas del dormitorio fueran novedades muy bienvenidas. No queríamos empezar el día. Cuando por fin nos levantamos y descorrimos las cortinas, la ciudad se extendió ante nosotros como un regalo. El loft tenía ventanas en tres de sus lados: podías mirar hacia el downtown y el edificio One World Trade, o hacia el oeste y el Village con el río Hudson al fondo, o hacia el norte más allá de los bloques residenciales para el profesorado de la Universidad de Nueva York en Bleecker Street, con el Empire State al fondo. Había una azotea donde nuestros amigos habían plantado un lujurioso jardín elevado. Si esto no era «casa», se le parecía mucho. Fue como estar de vacaciones.

Los primeros días no estuvimos solos del todo. Eliza había querido asegurarse de que yo contara con asistencia especializada si las cosas no acababan de ir bien, de modo que contrató un servicio de enfermería de veinticuatro horas (una enfermera de noche y otra de día). Afortunadamente, pronto vimos que no tenía razón de ser. El simple hecho de no estar en el hospital era el mejor remedio. Yo me sentía cada día más fuerte.

La paz y la tranquilidad y la ilusión de retomar una vida privada duraron dos días. Luego los médicos tomaron cartas en el asunto y me dijeron que aún tenía para rato. Concretamente: la terapeuta de la mano, Monica, me hizo una primera visita. Era una mujer menuda, chinoamericana, risueña y afable, amante de los libros y lectora empedernida… y absolutamente despiadada a la hora de hacer que yo volviera a mover la mano.

—Esto le va a doler.

—¡Ay!

—Y esto le dolerá aún más.

Estaba previsto que viniera tres días por semana. Lo primero que hizo, en esa primera visita, fue quitarme la férula. «Esto ya no lo necesita». Al momento sentí como si me hubieran quitado los grilletes, pese a que, como me dijo después Milan, «la verdad es que no podías mover ni un dedo, papá». Monica me explicó que los tendones se habían curado. Ya habían pasado seis semanas, y ahora, dijo, tocaba hacer ejercicio y utilizar la mano todo lo que fuera posible: eso era fácil decirlo pero nada fácil de hacer, cuando la cosa estaba prácticamente paralizada.

Los tendones discurren dentro de la mano por una especie de canales y, ahora que estaban otra vez de una pieza, necesitaban reaprender a moverse arriba y abajo en dichos canales. Yo, inocente de mí, había pensado que con unos meses de fisioterapia bastaría. Pero ahora me enteraba de que la cosa no tenía por qué ser tan sencilla. Existía la posibilidad real de que los tendones, en vez de empezar a deslizarse limpiamente por sus canales y permitir así a la mano hacer lo que hacía antes —cerrarse, abrirse y todo eso—, en lugar de ir aflojándose, se adhirieran a sus canales y quedaran atascados en una posición fija, en cuyo caso habría que operar otra vez con la idea de despegarlos. Cuando Monica me lo dijo, el alma se me fue a los pies, pero aquello me sirvió también de motivación para ponerme serio con todo ello. Quería recuperar la mano; si me iba a doler, mala suerte.

La primera tarea de Monica fue ocuparse de la sangre seca que no solo me desfiguraba la palma de la mano, sino que hacía más difícil que aquello empezara a moverse. Cada vez que venía, me rascaba el engrudo. Traía consigo un surtido de herramientas que hacían pensar en translúcidos monstruos abisales y que no eran sino instrumentos de tortura. Monica me dio unos ejercicios para hacer entre visita y visita, así como un utensilio ronroneante para rascar el tejido cicatrizado.

—Yo no puedo hacerlo con tanta fuerza —dije.

—Ya, es difícil hacerse daño a uno mismo.

Lo de mi mano duró seis meses. Aparte de las sesiones con Monica, cada mes y medio tuve cita con un cirujano de NYU Langone, el doctor Y. En la primera entrevista no se mostró muy animado que digamos. Me dijo literalmente: «En el caso de una herida tan grave como la suya, normalmente la prognosis no es muy optimista».

Por un lado estaba el asunto del movimiento, por otro el del tacto. En cuanto a lo primero, al principio apenas si había tal cosa. En cuanto a sentir algo, el pulgar y el índice se enteraban un poco, el medio y el anular nada de nada, y el meñique muy poco. En la palma de la mano, entre la cicatriz y la muñeca, sí sentía algo; más allá de la cicatriz, nada. El doctor Y. no supo decirme cuánta sensación podría recuperar, en el mejor de los casos. Pero confiaba en que, como mínimo, gracias al trabajo de Monica, pudiera mover la mano un poco más. «El resto ya se verá».

Salí de la consulta del doctor Y. decidido a demostrar que se equivocaba.

—Métele caña —le dije a Monica en nuestra siguiente sesión.

—Esto le va a doler —dijo.

—Ay.

Con permiso, voy a dar un salto hacia adelante. Tras mucho ejercicio, las articulaciones de mis dedos empezaron a doblarse otra vez. El objetivo que nos habíamos propuesto era ver si podía cerrar el puño. El primer paso consistía en acercar las yemas de los dedos lo más posible a la palma. El día que logré establecer contacto, me entraron ganas de gritar de alegría. Empecé a ser capaz de doblar los dedos hacia dentro: formar un puño no estaba ya muy lejos.

Otro objetivo era mover el pulgar hasta tocar la punta del dedo meñique. El largo proceso fue un poco como un viaje a través del espacio interestelar. Y luego un día —¡mira!—, dejó de serlo. Pulgar, meñique, haced el favor de juntaros. Estoy seguro de que no será la primera vez que lo hacéis.

Monica verificaba mis progresos una vez al mes. El 8 de marzo de 2023, casi siete meses después de que el cuchillo me traspasara la palma de la mano, los resultados fueron buenos. Ya no había sangre en la herida, la larga cicatriz se había ablandado y ya no obstaculizaba el movimiento del dedo pulgar; si hacía el gesto del pulgar levantado, el efecto era idéntico en ambas manos, el puño era casi como el de la mano derecha, los dedos podían moverse con independencia y, gracias a mucho trabajo con masilla terapéutica, la fuerza de la mano iba aumentando poco a poco. No estaba bien del todo, pero sí mejor. Ahora bien, el tacto había mejorado poco. Pulgar e índice, bien; el meñique sentía mejor que antes; los otros dos, poca cosa. Pero incluso los dedos torpes habían recuperado lo que se denomina sensibilidad protectora. Sentía el calor, como para no quemarme; y sentía lo puntiagudo, como para no cortarme. Me dijeron que esas eran las dos primeras sensaciones en recuperarse. Y yo pensé, admirado, que el cuerpo humano era muy inteligente. Qué prodigio, esa cosa en la que moramos todos nosotros. ¡Qué obra de arte es el hombre!

Unos días después volví a la consulta del doctor Y. y le hice una demostración de mis nuevas habilidades. El hombre dijo lo que todo paciente desea oír:

—La recuperación de su mano es milagrosa —¡Milagrosa! ¡Sí, señor!—. Quizá tardará otros seis meses en recuperar por completo el tacto, y tiene que ser paciente, porque los nervios... —¡Los nervios son lentos! ¡Eso ya lo sé! ¡No pasa nada!—. De hecho, es posible que hasta dentro de un año no sepamos si la mano se recuperará del todo. ¿Puede teclear?

Sí, puedo teclear. Puedo atarme los cordones de los zapatos y descorchar una botella y girar el pomo de una puerta y sostener un vaso lleno de agua. Ya casi soy un ser humano.

—No hará falta que venga a verme más —dijo el doctor Y.—. Y tampoco hace falta que vea a Monica.

Eso me entristeció un poco. Monica y yo nos entendíamos muy bien. Y ella había dicho que pensaba leerse todos mis libros por orden cronológico. Había terminado *Grimus* e iba muy avanzada con *Hijos de la medianoche*.

—Tienes un largo camino por delante —le dije.

—No me importa —dijo ella—. Estoy descubriendo que escribe usted muy bien.

Nos despedimos con un abrazo; y yo volvía a tener una mano normal.

Rebobino.

Que hubiera acabado con los hospitales a finales de septiembre de 2022 no significa que ellos hubieran terminado conmigo. Una semana después de que Monica empezara a trabajar con mi mano, siguieron tres meses de citas con especialistas de diversas esferas de la anatomía, especialistas que me examinaron, a menudo, hasta el más íntimo detalle. Hacia el final de esta larga serie de visitas, me conocía el hospital de NYU Langone mejor de lo que nunca habría esperado. Y el hospital, a su vez, lo sabía prácticamente todo de mí y de mis entrañas.

(Nos preocupaba la seguridad, y en todas estas visitas fui acompañado por miembros del equipo que habíamos contratado. Fue muy útil poder vivir de manera anónima en el loft del Soho, porque así mis idas y venidas quedaban al margen de la mirada pública).

La primera cita fue con un urólogo, el doctor U., que quería comprobar si el problema urinario que había desarrollado en Rusk estaba resuelto del todo. Yo le dije que así era. Insistió en que me hicieran un análisis de sangre y otro de orina. Yo, obediente, se los llevé. Luego me preguntó cuándo me habían examinado la próstata por última vez. Le dije que hacía bastante tiempo. «Le echaré un vistazo», dijo.

Ah, bueno, vale, cómo no. Estoy aquí por un atentado con cuchillo pero, qué caray, miremos esa próstata, hombre. Dóblate, separa las piernas, lubricante, guantes de goma, ¡aaagh! Molesta un poco. Uy, ahora un poco más. No, tranquilo, tómese el tiempo que haga falta. Y... se acabó.

Tras la exploración, una sorpresa de las feas. «He notado algo —dijo el doctor U.—. Es pequeño. Un bultito en la próstata. Habría que mirarlo. Le pediré una resonancia magnética». Yo me había quedado sin palabras. ¿O sea que, después de sobrevivir por los pelos a un intento de asesinato, ahora tenía que enfrentarme a la posibilidad de un cáncer? ¿En serio? Eso era inaceptable. Era injusto.

«Probablemente no será nada», dijo el doctor U.

Adelanto rápido. Una semana después de esta visita me hicieron la prueba, además de una resonancia de la pierna derecha, que por lo visto estaba un poco más gruesa que la izquierda, y era para descartar que tuviera algún coágulo de sangre. Volviendo a casa, miré la aplicación MyChart de Langone. Los resultados ya estaban allí. Había una buena noticia y una mala noticia. La buena era: cero coágulos; la pierna estaba bien. La mala noticia venía expresada en jerga médica básicamente incomprensible, pero contenía, como si fuera en letras de neón, las claras y perfectamente normales palabras «probable cáncer». En la escala de 1 a 5 que utilizaban, yo había sacado un maldito 4.

Probable cáncer.

Conversación telefónica con el doctor U. Había visto el informe, pero había algo que lo tenía perplejo. La prueba normal para detectar el cáncer de próstata es un PSA, un análisis de sangre que mide la cantidad de antígenos específicos de la próstata. Un número de PSA alto se considera peligroso; uno bajo es tranquilizador. En mi analítica, el número de PSA era bajo: 2.1. Normalmente eso se interpretaría como «sin problemas de próstata». Pero el resultado de la resonancia decía probable cáncer. A la vista de esta contradicción, el doctor U. iba a pedir una segunda opinión al jefe de urología, que se pondría en contacto conmigo. En nuestra videoconferencia, descubrí que este caballero —el doctor U.2— era un norteamericano de origen hindú y más o menos fan mío. Aparte de eso, era muy inteligente. «Cuando estuvo ingresado en Rusk —dijo—, tuvo dificultades para orinar, incluida una ITU». Así es, le dije, una infección del tracto urinario bastante mala, y hacía muy poco que había dejado de tomar antibióticos.

Dijo que a él le parecía que el bulto en la próstata podría ser consecuencia de la infección urinaria. «Puede causar inflamación —dijo—. Yo creo que se precipitaron con la resonancia. Tendremos que esperar unas semanas y luego repetir la prueba». Entonces ¿probablemente no tenía cáncer? O sea, ¿*cáncer improbable*? No quiso mojarse: teníamos que esperar a saber los resultados. Más tarde hablé con mi terapeuta, que quiso tranquilizarme. «Si el PSA es tan bajo, entonces ese otro urólogo seguramente está en lo cierto y se trata de una inflamación provocada por la infección». De todos modos, añadió, el cáncer de próstata se podía tratar, y no debía preocuparme por el lapso de tiempo hasta la segunda prueba. «Eso se extiende muy despacio». Me quedé con un pie aquí y el otro allá.

Las cosas se movían con lentitud glacial. Tres semanas después tuve una cita presencial con el doctor U.2, y pensé, uf, otra vez lo de dóblese, separe las piernas, lubricante, guantes de goma, aaagh. Doble aaagh. Más aaagh todavía. Y... ya está.

—Yo no noto nada —me dijo.

—¿En serio? ¿Ningún bulto? ¿Nada?

—Nada de nada.

—Eso es buena noticia, ¿no? ¿Si no hay bulto es que no hay cáncer?

—Es buena noticia, sí.

—¿O sea que era una inflamación debida a la infección de orina?

—Es lo que creo.

—¿Y podemos olvidarnos del asunto?

—Bueno —dijo el doctor U.2, echándome medio jarro de agua fría—, tendríamos que esperar unas semanas más y luego hacer otra resonancia. Si sale bien, quizá no será necesario que le haga una biopsia por punción.

Una biopsia por punción implicaba levantar las piernas y apoyarlas en sendos estribos, bien separadas. La aguja entra por el perineo. Unos diez minutos de tortura.

—Ojalá no haga falta —dije, desanimado.

Apenas le había comentado a nadie lo de la próstata. Todavía no era cáncer, me dije a mí mismo, y la palabra maldita solo sembraría el pánico entre la familia. No tenían por qué sufrir mientras no hubiera motivo para ello. A Eliza sí se lo conté.

La segunda resonancia me la hicieron en diciembre, cinco semanas después de la exploración y dos meses después del mensaje «probable cáncer». Esta vez el escáner salió bien. En la escala de 1 a 5, saqué un estupendo 1. No había bulto. No tenía cáncer de próstata. El universo no era tan cruel, después de todo, aunque hubiera tardado dos largos meses en decírmelo. Se lo conté por fin a Sameen. Se puso furiosa conmigo por no habérselo dicho antes.

En octubre, una semana antes de instalarnos en SoHo, Milan y Eliza dieron positivo por covid. Yo seguía dando negativo, pero ninguno de los dos podía estar cerca de mí. Durante una semana, varios amigos me hicieron el favor de traerme comida y otras cosas. Y el ciclo buenas noticias/malas noticias no paraba. El día siguiente de conocer los positivos de Milan y Eliza, yo tenía cita con un otorrinolaringólogo para que me examinara las heridas profundas que recibí en el cuello. Lo bauticé como doctor ORL, que sonaba a personaje arbóreo sacado de *El señor de los anillos*. «Buenas noticias —me dijo el doctor ORL—. Parece que está todo en orden. Las heridas han curado bien». Ese mismo día pude afeitarme (con mucho cuidado) por primera vez en siete semanas y media. Me sentó de maravilla, fue un paso positivo en la buena dirección. Pero por la tarde fui a ver al cardiólogo. El doctor Corazón me programó otro escáner de la zona bajo el pulmón derecho. La prueba reveló que el fluido que me habían sacado en Erie volvía a estar allí. A la mañana siguiente, a las ocho, entré en quirófano para que volvieran a aspirar. Esta vez tenía más fluido incluso que la primera: fueron más de mil centímetros cúbicos. Mis niveles de proteína eran muy bajos, resultado de la cuantiosa pérdida de sangre, y me dijeron que esa debía de ser la causa de la acumulación de fluido. Me pusieron a dieta rica en proteínas. Tenía que volver al cabo de dos meses para otro escáner. «Si hay fluido otra vez —me dijo el doctor Corazón—, quizá habrá que pensarlo mejor». Eso me sonó bastante amenazador.

Eliza dio negativo al cabo de cinco días, y fue un gran alivio para mí tenerla de nuevo en Mercer Street. Milan continuó dando positivo durante cinco días más. Antes de que volviera él, recibí una muy buena noticia.

La visita que más miedo me daba era la del oftalmólogo. Fui el 10 de octubre, el mismo día de mi primera resonancia, cuando me dijeron que podía tener cáncer de próstata, o sea que muy animado no estaba. La célebre especialista —la doctora Irina Belinsky– me había visto ya en Rusk, cuando tenía el ojo derecho hinchado incluso con el párpado bien cosido. (Si la llamo por su nombre real es porque la doctora fue importante para mí a la hora de gestionar la que yo consideraba la peor de todas las heridas: nada de doctora Ojo). «Hay que esperar a que baje la hinchazón –me había dicho entonces–, antes de poder decidir una pauta de actuación». Yo estaba muy asustado en cuanto a las posibles pautas. Le pedí a Eliza que me acompañase a la cita; necesitaba que alguien me cogiera de la mano.

La doctora Belinsky me examinó el ojo.

–La hinchazón ha desaparecido –dijo–. El párpado ya se cierra solo, así que, si quiere, puedo quitarle los puntos ahora mismo.

–¿Me va a doler? –pregunté, como un crío–. Y espero que no tenga que coserme el párpado otra vez, porque eso sí que fue duro.

–Ya no necesita los puntos –dijo–. No se preocupe.

El proceso no fue muy largo, y al momento noté el ojo mejor, más descansado de una manera natural.

–Bien, ahora tenemos tres opciones –me dijo la doctora Belinsky–. Hay tres maneras de seguir adelante.

«La primera es no hacer nada. Si el ojo no da molestias, si no hay irritación, lo dejamos como está.

«La opción dos sería hacerle un ojo de cerámica. Se le garantiza que tendría exactamente el mismo color que el otro. Encajaría a la perfección, y el resultado es muy realista. Hay personas a las que les gusta mucho esta opción; a otras les resulta incómodo.

«La tercera opción es extirpar el ojo. La cuenca tardaría unas seis semanas en curar. Después se le podría instalar una prótesis, un ojo falso. Lógicamente, esta es la opción más radical.

Agradecí mucho que me hablara tan claro, y de inmediato supe cuál era la alternativa que yo prefería.

–Nunca he podido usar lentes de contacto –dije–. Soy muy timorato a la hora de meterme cosas en los ojos y quitármelas, y tener que hacerlo a diario. O sea que lo del ojo de cerámica creo que no me funcionaría. En cuanto a la opción tres... Francamente, después de tantas operaciones no es que tenga muchas ganas de pasar otra vez por el quirófano. Si hay una manera de resolverlo que no implique cirugía, yo me apunto. Me decido por la opción uno. No hacer nada.

—De acuerdo, pero quiero asegurarme de que el ojo se lo siente bien —dijo la doctora—. Tendrá que seguir poniéndose cada día la pomada de eritromicina.

—Yo me lo noto bien —dije—. Y no, no hay problema en usar la pomada.

—Estupendo. Recuerde que no es una decisión irreversible. Si dentro de un año, dos, cinco, ve que el ojo se le irrita, vuelva por aquí, y si llega ese momento, estudiaremos otra alternativa.

El alivio que sentí fue enorme. Había tenido pesadillas en las que me arrancaban el ojo, sueños reminiscentes de *Un perro andaluz*, la película surrealista de Luis Buñuel y Salvador Dalí, en la que una nube que atraviesa la luna llena se convierte en una navaja cortando un ojo de través. No hacer nada me parecía maravilloso. Eliza vio cómo la tensión abandonaba mi semblante y me apretó la mano. «De acuerdo —dijo—. Haremos eso».

Dos días después, me tocaba otra vez la inyección para tratar la degeneración macular del ojo izquierdo. «Cuídeme bien este ojo, doctora —dije—. Es todo lo que tengo».

Y esa, por el momento al menos, es la historia de mi(s) ojo(s).

Empezábamos a sentirnos un poco menos aislados. Milan se fugó de la prisión covid y volvimos a pasar ratos juntos. Eliza se sintió capaz de dejarnos solos mirando *Elvis*, de Baz Luhrmann, mientras ella iba a la fiesta de cumpleaños de una amiga. La gobernadora de Nueva York, Kathy Hochul, tuvo el detalle de llamar para ofrecer su solidaridad y sus buenos deseos. Algunos de mis mejores amigos de siempre pasaron a vernos, entre ellos varios venidos expresamente desde Londres. Todos se mostraron asombrados de mi buena salud. A ninguno le mencioné los baches del camino (ni los bultitos).

Vimos una transmisión en directo de un acto en apoyo de mi persona que estaba celebrándose en la British Library de Londres. Había habido ya otros similares en Toronto y Dinamarca, aparte del primero de ellos en la Biblioteca Pública de Nueva York. Le dije en broma a Milan que todos esos eventos tenían algo de memorial. «Cuando me muera de verdad no pasará nada, porque ya está todo hecho». A Milan no le hizo ninguna gracia, así que me abstuve de comentar que también me recordaba a una anécdota que Bertrand Russell relataba en su autobiografía. Habían tenido que hospitalizarlo durante una visita a China, y cuando la noticia llegó a Inglaterra, lo hizo con tintes exagerados; incluso se dijo que había muerto, lo cual provocó que todos los periódicos publicaran el consabido obituario. Russell leyó las necrológicas en la cama del hospital donde estaba ingresado.

Naturalmente, me emocionó y me hizo feliz recibir tanto apoyo y tanto amor. También me hacía feliz estar superando algunas pruebas médicas. En cirugía general, sin ir más lejos, dictaminaron que todas las heridas en el pecho y el abdomen estaban curadas. ¡Qué bien! Pero me esperaban nuevos baches en el camino.

Llegamos a la historia de mi boca.

Una de las cuchilladas en el cuello había cortado un nervio y provocado una parálisis parcial del lado derecho del labio inferior. Se me dijo que esto era irreversible. Tenía el efecto visual de que, al hablar, mi boca se deslizaba hacia la izquierda, además de ocasionar un problema práctico: me mordía el labio al comer. Había otros problemas. No podía abrir la boca como siempre; ahora la abría aproximadamente la mitad que antes. Comer resultaba más difícil. Por fortuna, no tenía dificultad en tragar, pero tenían que cortarme la comida en trozos pequeños. No podía llevarme un emparedado a la boca. Las comisuras me tiraban, rígidas, aparte de varios efectos secundarios extraños. Si me metía algo frío en la boca, notaba como si una línea de frialdad me bajara por el costado izquierdo de la boca hacia la mandíbula; una sensación como de algo que se escurría por fuera. Pero no era así. Simplemente necesitaba acostumbrarme a convivir con la nueva boca. No había remedio para ese mal.

Me enviaron a ver a una mujer que trabajaba con pacientes de cáncer pero que por lo visto conocía un buen número de ejercicios bucales. Me los enseñó. Aprendí a hacerlos. Los hago todavía. No ayudan mucho, la verdad. La mujer me recomendó visitar a un eminente cirujano dental que tal vez podría fabricarme algún invento para empujar un poco el labio inferior hacia fuera e impedir así que me lo mordiera. Fui a verle a finales de octubre. Me hizo lo que supongo que habría que llamar una prótesis, un artefacto que se ajusta sobre los dientes del lado derecho y empuja, en efecto, el labio inferior hacia fuera. Cuando lo llevo puesto, la boca tiene un aspecto más normal y me es más fácil comer.

Todo esto nos llevó muchas semanas. Una vez hecha y ajustada la prótesis (finales de noviembre), tardé un poco en acostumbrarme a llevarla, pero a partir de un cierto momento casi se podía decir que ni notaba que la llevaba. Todo eso estaba muy bien. Lo peor fue la factura. Resulta que mi seguro no cubría ni el eminente cirujano dental ni el artilugio en sí. Nadie me lo había dicho, cosa que luego su ayudante reconoció que había sido un error. De haberlo sabido, yo seguramente habría decidido apañarme sin la prótesis

La factura, que no incluía los honorarios del eminente, era de dieciocho mil dólares.

Ocho semanas después de su llegada, Milan zarpó de Nueva York el 25 de octubre. Me había encantado tenerlo conmigo durante tantos días. Sentir su amor me había ayudado a recuperar mi propio equilibrio. Pero, una vez se hubo ido, empecé a sentirme intranquilo en nuestra hermosa vivienda provisional. Quería volver a mi entorno, quería estar en mi propia habitación. El revuelo en torno a mi persona se había calmado; los paparazzi se aburrían, y muchas veces ni siquiera rondaban por allí. Era momento de volver a casa. Milan llegó a Southampton el 1 de noviembre y desde allí tomó un tren hasta Londres. Tres días después me tocaba a mí viajar; un trayecto mucho más corto, pero de profunda importancia emocional. Volvía a casa.

En el clásico de la literatura infantil *El viento en los sauces*, de Kenneth Grahame, Topo se aleja de su topomadriguera para empezar a «hacer locuras» con su amigo Rata de Agua en las embarcaciones que pasan por el río, preocupado por el malévolo e incontrolable Señor Sapo, de la Mansión Sapo. Una noche, arrastrándose en compañía de Ratty por lo que a su juicio es un «extraño país», se siente repentinamente cautivado por un aroma:

> Era como si un hada lo llamara desde la oscuridad del vacío, así de misterioso fue el cosquilleo que Topo sintió de pronto...
> ¡Casa! Eso querían decir, aquellas voces como caricias, aquellos suaves toques llevados por el viento, aquellas manitas invisibles que tiraban de él, ¡todas en una misma dirección!

Y cuando decide seguir aquel aroma y encuentra su viejo hogar y se dispone, tras una agradable cena, a acostarse en su cama de siempre, piensa:

> Vio claramente qué simple y qué sencillo [...] era todo; pero también, con igual claridad, lo mucho que significaba para él y el valor especial que tenía esa clase de querencia en la vida de uno [...] este lugar que le pertenecía por entero, estas cosas que tanto se alegraban de verle de nuevo y que, pasara lo que pasase, siempre le darían la misma y sencilla bienvenida.

Casa. *Dulce Domun*, lo llama Kenneth Grahame, o sea Dulce Hogar. Habían pasado doce semanas desde el incidente que me había hecho imposible volver a casa. Y ahora, cuando la puerta principal se cerró a mi espalda, yo era ese humilde Topo del cuento, que reconocía los olores; mi corazón dio un vuelco al ver la fotografía donde mis hermanas y yo estamos leyendo *Peter Pan*, colgada sobre la repisa de la chimenea, y sentí la bienvenida que me daban los libros en sus estanterías, la familiaridad de mi lugar de trabajo y, por último, la maternal bondad de *mi* cama envolviéndome con sus brazos, acunándome para proporcionarme un sueño profundo y sin sobresaltos. Fue sentirme de inmediato un ciento por ciento mejor y más sano. Estaba en casa.

Paulatinamente fuimos dando pequeños pasos hacia una vida normal. Pasamos algunas veladas en casa de amigos. En una de ellas —la de Alba y Francesco Clemente—, Fran Lebowitz, una mujer que nunca se anda con rodeos, quería saber un par de cosas.

—Tú eres diestro, ¿me equivoco? —dijo—. Entonces ¿cómo es que levantaste la izquierda para defenderte?

—No lo sé, Fran —dije—. En ese momento era incapaz de pensar. —Pero entonces me vino algo a la mente—. Quizá tenga que ver con el boxeo —dije—. Un púgil diestro se protege con la izquierda para golpear con la derecha, ¿no?

Fran no quedó nada convencida.

—Dos cosas, Salman —dijo—. Una: tú no eres boxeador. Y dos: no le golpeaste en ningún momento.

Concedí que llevaba razón, tanto en lo primero como en lo segundo. Yo fui más bien el sparring.

Más tarde, Francesco me dijo que Fran se quedó muy preocupada, después del atentado, y que había dicho que todos los días pensaba en mí. Esto me hizo sonreír: «Pues quiero una camiseta que ponga: Fran Lebowitz piensa en mí todos los días».

Era increíble estar haciendo algo tan «normal» como ir a casa de unos amigos. Pero tenía su contrapartida emocional. Fuimos a casa del editor de Grove Atlantic, Morgan Entrekin, y su esposa, la fotógrafa Rachel Cobb. Fue una velada inolvidable porque los otros invitados a la mesa eran Martin Amis y su mujer, Isabel Fonseca. Martin llevaba dos años luchando contra un cáncer de esófago, el mismo tipo de cáncer que había acabado con su mejor amigo, Christopher Hitchens. La quimioterapia había funcionado, la cosa estaba remitiendo, pero luego el tumor volvió, más quimioterapia, esta vez sin resultados, hasta que le operaron y le dijeron que había habido suerte. Cuando vimos a Martin en casa de Morgan y Rachel, estaba tan flaco que daba pena, y hablaba con un hilillo de voz, pero su inteligencia no había menguado un ápice y se mostró muy cariñoso conmigo. Ambos habíamos estado a un paso de morir, dijo, o sea que éramos hermanos de armas frente a la muerte.

Poco después, Martin e Isabel nos invitaron a su casa en lo alto de un rascacielos de Brooklyn. Estaban también James Fenton y Darryl Pinckney. Fue la última vez que vi a Martin. Después de ese día, el cáncer se hizo fuerte en su cuerpo y Martin nos dejó a todos.

En aquella segunda ocasión se le veía más frágil todavía, incluso más delgado, y su voz aún más débil. Pero el cáncer no había vuelto aún, o nadie nos dijo que así fuera. Reapareció, sin embargo, unas semanas después, e Isabel me dijo: «No hay esperanzas de recuperación». Me aseguró que él estaba sereno ante el predecible final. «He tenido una vida plena», dijo Martin. Ella parecía estar destrozada. Llevaban juntos treinta años.

En numerosas ocasiones, después del atentado que sufrí, he pensado que la Muerte se equivocaba de persona. ¿Acaso no era yo el señalado por la Parca, aquel acerca del cual todo el mundo coincidía en afirmar que mis probabilidades de sobrevivir eran exiguas? Y sin embargo ahí estaba yo, erguido, bien parapetado en la sala de recuperación, volviendo a la Vida, mientras algunos de mis mejores amigos iban cayendo a mi alrededor. Bill Buford –que fuera director de la revista *Granta*, exdirector de narrativa en *The New Yorker*, autor de un libro sobre los hooligans del fútbol británico (*Entre los vándalos*) y de dos sobre, respectivamente, gastronomía italiana y francesa (*Calor, La transmisión del sabor*), un hombre que había comido demasiados platos especiados a lo largo de su vida y que arrastraba problemas cardíacos desde hacía tiempo– se desmayó mientras iba por la acera y falleció poco después. Un hombre que lo vio caer fue corriendo hasta su casa y volvió con un desfibrilador. ¿Qué probabilidades tenía, el pobre? Y el día después de Navidad, mi hermano menor literario, Hanif Kureishi, perdió el conocimiento en Roma y cuando volvió en sí no podía mover los brazos ni las piernas. Ha estado escribiendo –mejor dicho, dictando– un blog hermosamente valiente, sincero y divertido en la plataforma Substack sobre sus penurias. Al parecer su movilidad ha mejorado un poco, pero hoy por hoy no está claro cuándo (o si) recuperará el uso de su mano derecha, la de escribir. A los cuatro días de conocer lo de Hanif, me entero de que Paul Auster tiene un cáncer de pulmón. Paul y su mujer, Siri Hustvedt, habían participado en el acto de apoyo a mi persona en los escalones de la biblioteca, pero ahora se enfrentaban a su propia crisis. Paul me contó por teléfono que había posibilidades de que venciera al cáncer. Un solo tumor, en un solo pulmón, sin metástasis, ni en los nodos linfáticos ni en ninguna otra parte, y que confiaba en que la quimioterapia y la inmunoterapia reducirían drásticamente el tamaño del tumor, después de lo cual podrían extirparle la parte de pulmón afectada. Así que: crucemos los dedos.

Y Martin se estaba muriendo. No quería ver a ningún amigo, me dijo Isabel. Solo vio una vez a James Fenton, nada más. Se fueron los dos, Martin e Isabel, a la casa que tenían en Palm Beach para no pasar frío y que él pudiera sentarse a leer en el jardín. Había comentado que estaba escribiendo un relato.

No sé si pudo terminarlo o no. Sus hijos fueron a verle. Apenas comía. El ángel estaba muy cerca.

Isabel dijo que, debido al tumor, a Martin le costaba hablar por teléfono pero que le gustaba recibir emails. Le escribí, «enviando hacia ti», decía, «una ola amiga». Él nunca había sido muy de emails, de ahí que su larga respuesta me causara sorpresa. Era tan elogiosa que no puedo reproducirla entera, pero he aquí una parte:

> Cuando nos vimos hace poco por primera vez después de la atrocidad, debo reconocer que esperaba verte cambiado, mermado hasta cierto punto. Y qué va: estabas y eres intacto y entero. Y pensé, asombrado: Está A LA ALTURA.

Puede que no sea así, pero Martin fue muy amable por su parte. Le respondí con un email más extenso. Lo reproduzco aquí completo, porque en su momento, y también ahora, me supo a despedida.

> Querido Martin:
> Como te has lanzado a contestar más extensamente, voy a intentar también sobrepasar el límite de Twitter.
> En primer lugar, debo decirte cuánto me emocionan la generosidad y la bondad de tus palabras. Ningún escritor podría desear un mejor abrazo verbal.
> En segundo lugar, quiero decir sobre tu obra que se caracteriza tanto por su brillantez como por su intrepidez; con lo primero no estoy hablando solo de brillantez lingüística, aunque siempre la has tenido, sino de inventiva formal, de pirotecnia cómica y de elevada inteligencia; y en «intrepidez» incluyo tu disposición (tu necesidad, debería decir) a abordar los temas fundamentales de tu época, desde la política hasta la ética pasando por el sexo y todo lo demás.
> Tu obra ha trasformado y dado nueva energía a la literatura en inglés y ha inspirado y seguirá inspirando a los que vengan detrás de nosotros. Has tomado el relevo de Bellow, Nabokov y

tu padre, y se lo pasarás a… no sé a quién… alguien con el talento y la sabiduría necesarias para agarrarlo y echar a correr con él.

Así pues, bravo, bravo, mi querido amigo.

Lo que has hecho perdurará mucho tiempo.

Con amor y admiración,

SALMAN

En aquellos tristes días finales a menudo me sorprendí recordando las veces en que, hace más de treinta años, Martin organizaba noches de póquer. Una característica de aquellas veladas era que uno jamás descubría nada sobre la vida de los demás jugadores. Si la conversación derivaba hacia lo personal, o lo político, alguien exclamaba de inmediato «¡Jugad al póquer!», y rápidamente devolvíamos nuestra atención a las cosas que importaban.

Me acordé también de que antes de mudarme a Nueva York, antes de que Ian McEwan y su mujer, Annalena McAfee, se compraran una mansión en la campiña de Cotswold, antes de que Martin e Isabel aparecieran por Brooklyn, los tres —es decir, Martin, Ian y yo— solíamos comer o cenar juntos con bastante frecuencia, normalmente en L'Étoile, el restaurante de Elena en la londinense Charlotte Street, para hablar de cosas serias y enderezar el mundo. Un periódico dominical había publicado un montaje fotográfico de los tres bajo un titular tipo «Los Padrinos», y nosotros habíamos convenido en que, como capos de las familias del crimen que conformaban Londres, debíamos vernos con regularidad para asegurarnos de que todo se gestionara bien y no estallaran innecesarios conflictos armados.

Uno acaba llorando las trivialidades del pasado tanto o más que los asuntos importantes (como el talento literario) cuando le dice adiós a un amigo.

Uno de los motivos de que la película de Alfred Hitchcock *Psicosis* sea tan terrorífica es que mueren los que no deberían.

La estrella más famosa del film, Janet Leigh, ya está muerta cuando solo se lleva media hora de metraje. Aparece Martin Balsam, el cauteloso y bonachón inspector, y de pronto ya está muerto. Es brutal. Bien, pues esa era la clase de miedo que yo empezaba a sentir. La Muerte estaba equivocándose de puerta. Bueno, todos nos hacíamos viejos. Esto ya va a ser el pan de cada día, pensaba yo. Angela Carter, Bruce Chatwin, Raymond Carver, Christopher Hitchens, todos habían tenido una muerte prematura. Ahora, una generación entera se acercaba al final.

Martin murió mientras dormía, plácidamente y sin dolor, la noche del 19 de mayo de 2023.

En la residencia Rushdie-Griffiths, empero, el barómetro del estado de ánimo no había dejado de subir desde el mes de diciembre. Daban el Campeonato del Mundo por televisión y yo veía casi todos los partidos. La Argentina de Lionel Messi ganó la copa, de lo cual me alegré. Un poco más cerca de casa, las noticias iban a mejor en muchos sentidos. (No las noticias de verdad, que, como de costumbre, llegaban repletas de violencia desquiciada y de los igualmente desquiciados Trump y los trumpublicanos). Eliza consiguió una buena editorial británica para *Promise*: el libro saldría a principios de julio, casi al mismo tiempo que en Estados Unidos. Por lo que a mí respecta, me sentía más fuerte cada día. Luego, el 2 y el 5 de diciembre, hube de afrontar las dos últimas vallas (médicas) y afortunadamente las salté ambas limpiamente. La radiografía del pulmón salió impoluta. ¡La dieta de proteínas había funcionado! ¡Ya no había fluido! Toma ya. Y tres días después... ¡la segunda resonancia me dio el aprobado en próstata! No tenía que temer ni la aguja de la biopsia ni el cáncer (no estaba seguro de cuál de las dos cosas me daba más miedo). Toma ya (bis). Adiós a los problemas médicos. Salía por fin del largo túnel de visitas a hospitales para reintegrarme a la población general.

El 6 de diciembre era el cumpleaños de Eliza. Vinieron Suphala y Kiran Desai y encargamos un banquete a un restaurante cercano. Había mucho que celebrar.

Por ejemplo: yo ya no tenía que preocuparme por el sobrepeso. Tal como me había informado mi ruidosa cama en Rusk (que también me servía de báscula), había perdido casi veinticinco kilos. Me había tirado meses vestido de bata hospitalaria y luego con pantalón de chándal y camiseta, pero ahora que podía probarme mi ropa en casa, descubrí que todos los pantalones me venían anchos (que se me caían, vaya). Haber adelgazado era una buena noticia (aunque yo estaba de acuerdo con todos en que la dieta no era para recomendársela a nadie), como lo era el que mi asma hubiera mejorado sensiblemente y que, para alivio de la persona con quien compartía la cama, ya no roncara. Pero el asunto de la ropa era un problema, aun siendo cierto que la calidad de mis apuros iba a mejor. Una cosa —divertida— era que se te cayeran los pantalones; otra —nada divertida—, que te atacaran con un cuchillo.

Lo mío se podía calificar de euforia, supongo: decir que me encontraba bien, que nuestros problemas habían terminado, anunciar que nuestro futuro feliz iba a comenzar de inmediato. Una de las principales razones para este exceso de confianza fue que volvía a ser capaz de sentarme a mi escritorio y notar que la savia empezaba a fluir. Había sido incapaz de pensar en escribir nada durante tres meses, y cuando me puse a mirar las notas que había estado tomando para una posible novela después de *Ciudad Victoria*, me parecieron absurdas. No puedo escribir esto, me dije a mí mismo. Por más ganas que tuviera de centrarme en la ficción, algo inmenso y nada ficticio me había sucedido, y comprendí cuánta razón tenía Andrew Wylie. Mientras no me ocupara del atentado, no sería capaz de escribir nada más. Entendí que, antes de pasar a cualquier otra cosa, debía escribir el libro que estás leyendo ahora, lector. Sería la manera de hacer mío lo sucedido, de adueñarme de ello y poseerlo de alguna manera: nada de ser una mera víctima. Respondería a la violencia con arte.

No me gusta pensar en la escritura como forma de terapia —escribir es escribir y la terapia es la terapia—, pero había bastantes probabilidades de que contar la historia tal como yo la veía me hiciera sentir mejor.

Pero antes tenía que atender a ciertos problemas de salud. Seguía estando bajo de energía. Hacia el anochecer, no servía ya para nada. Aún tenía algún que otro mareo, lo cual era preocupante. Y el asunto de la tensión no se había solucionado; curiosamente, ahora era al revés. En el hospital tenía la presión sanguínea demasiado baja, y más baja aún cuando me ponía en pie; de ahí el corsé con velcro. Ahora, sin embargo, tenía la presión alarmantemente alta. Prescindí del corsé, pero los niveles continuaron altos, cada vez más en la zona de peligro. La cifra sistólica indicaba la posibilidad de un ataque cardíaco.

Y entonces se iluminó la bombilla. No recuerdo ahora si apareció sobre mi cabeza o sobre la de Eliza, pero sospecho que fue sobre la suya. Nos dimos cuenta de que uno de los medicamentos que me habían recetado en Rusk era para subir la tensión. Yo había seguido tomándolo porque en el momento de recibir el alta no me habían indicado cuándo dejar de tomarlo. Llamé a mi médico de cabecera. «Deje de tomarlo ya», dijo. Así lo hice; en cuestión de una semana, las lecturas de sístole y diástole habían bajado a cifras «normales».

Un caso más de trastorno iatrogénico: la medicina me había hecho enfermar.

Eliza llevaba días trabajando a destajo en su ordenador, descargando todo lo que habíamos rodado, organizando el material y haciendo una selección de los fragmentos más representativos. Finalmente, un día me dijo si estaba dispuesto a echar un vistazo.

Le dije que sí.

Eliza montó un proyector y una pantalla en la sala de estar. Me previno de que las imágenes podían afectarme. A ella le había resultado duro verlas otra vez. «El ojo, el cuello —me advirtió—. Es bastante *gore*».

Y lo era. Yo no me imaginaba que hubiera tenido un aspecto tan horroroso, ni que mi voz hubiera sonado tan endeble. Debió de ser horrible para Eliza, Sameen y Zafar verme de aquella manera, e insufriblemente difícil para ellos aliviarme a diario con sus mentiras optimistas. «Se te ve bien», «Estás mucho mejor que ayer», etcétera. Porque yo no estaba bien. No había una mejoría notable. Yo era alguien que tenía un pie y medio en la tumba y que, no se sabe cómo, había logrado sobrevivir. Era lo único a lo que podía aferrarse la gente que me quería —que yo estaba vivo, y que cuando me retiraron el respirador podía ser que siguiera viviendo— y eso les permitía halagarme con sus cariñosas e insinceras sonrisas. Fue un acierto por parte de Eliza evitar los espejos. De haber visto yo el aspecto que tenía, la gravedad de mis heridas, tal vez me habría costado mucho más hacer acopio de fuerzas para seguir adelante.

Las imágenes se sucedieron. El ojo como un huevo duro colgando sobre el párpado inferior, el iris encaramado en un ángulo inverosímil sobre el blanco hinchado del ojo. El largo tajo horizontal en el cuello renegrido, los pinchazos al lado del mismo, los tajos en la cara. Era demasiado; el cerebro se negaba a entenderlo. Pero allí estaba todo, en la pantalla, insistiendo en ser visto.

Me descubrí teniendo una reacción inesperada a las imágenes. Sí, por supuesto, eran impactantes, pero, para mi sorpresa, me fui serenando conforme miraba el material, y pude hacerlo desapasionadamente. Le dije a Eliza: «Supongo que es porque ahora tengo el aspecto que tengo, no el que se ve ahí, y eso me permite ser bastante objetivo. Si te soy sincero, hace que mi recuperación me sorprenda todavía más, porque estaba hecho cisco y tenía una pinta horrorosa. Parecía otra persona».

Ese fue el día en que convinimos en que había que hacer un documental. Ahora que había visto lo que ya teníamos, no abrigué la menor duda sobre la calidad y la fuerza del material. Al principio, tal vez ingenuamente, pensamos en la posibilidad de hacer el documental nosotros mismos con ayuda de un experto y un montador. Pero enseguida entramos en razón. Eliza y yo estábamos demasiado implicados, y aunque nuestro metraje podía aportar ese material único que sería la base y razón de ser del documental, necesitábamos un cineasta profesional que aportara su visión y supiera cómo enfocarlo todo. Decidimos buscar uno, o una. Lo que había filmado Eliza sería la espina dorsal, o el corazón, de la película.

Eliza me filmó en casa hablando sobre mi reacción al ver las imágenes de los peores días y de mi lenta recuperación. «Parecía otra persona», le había dicho yo. Empecemos por eso.

Lo más fastidioso del atentado es que me ha convertido una vez más en alguien que yo me había esforzado mucho en no ser. Durante más de treinta años me he negado a ser definido por la fetua y he insistido en que se me considere por los libros que he escrito, cinco antes de la fetua y dieciséis después de ella. Casi lo había conseguido. Cuando se publicaron los últimos libros, la gente dejó de preguntarme por los ataques contra *Los versos satánicos* y su autor. Y heme aquí ahora, arrastrado por la fuerza a ese tema indeseado. Ahora creo que nunca podré librarme de eso. Con independencia de lo que ya he escrito o pueda escribir en adelante, siempre seré el tipo al que apuñalaron. El cuchillo me define. Pelearé contra ello, pero mucho me temo que seré derrotado.

Mi victoria era vivir. Pero el significado que el cuchillo había dado a mi vida era mi derrota. En *Ciudad Victoria*, la protagonista, Pampa Kampana, escribe un poderoso poema narrativo en sánscrito, el *Jayaparajaya*, que significa «La victoria y la derrota». Ese podría ser también el título para la historia de mi vida.

Y de repente era un nuevo año, 2023. Febrero estaba a la vuelta de la esquina, y febrero tenía muchos significados para mí. En febrero, *Ciudad Victoria* iba a publicarse en inglés en todo el mundo, y rápidamente le seguirían numerosas traducciones. Normalmente no disfruto del momento de la publicación. Es un poco como desnudarse en público, eso permite a la gente señalarte y reír. En un mundo ideal, cuando un libro se publica, yo preferiría esconderme unas semanas detrás de los muebles. Pero en el mundo real eso no es factible. Además, llevaba seis meses escondiéndome detrás de los muebles. Este febrero en particular pensaba dar la cara.

Hacer una gira para promocionar el libro estaba descartado, y mi única contribución a su lanzamiento fue una larga entrevista que me hizo David Remnick para *The New Yorker*, a la que acompañaba una fotografía hecha por Richard Burbridge. Cuando se publicaron ambas cosas, fue como regresar al mundo después de un año en el limbo. Febrero significó todo eso. Por si fuera poco, el día 14 del mes era el trigésimo cuarto aniversario de la fetua. Yo había dejado de acordarme de esos aniversarios, pero tuve que empezar de nuevo.

Pero el 14 era también el día de san Valentín, y Eliza y yo decidimos celebrarlo yendo a un restaurante por primera vez en seis meses. Fuimos con guardaespaldas, pero fuimos. ¡Qué momento tan intenso! Hola, mundo, decíamos. Hemos vuelto, y, tras nuestro combate con el odio, celebramos la supervivencia del amor. Tras el ángel de la muerte, el ángel de la vida.

6

EL A.

El 14 de octubre de 1994, seis años después de que se le concediera el Premio Nobel, el escritor egipcio Naguib Mahfuz, que contaba a la sazón ochenta y dos años, salió de casa para ir andando hasta su cafetería cairota favorita para su reunión semanal con otros escritores y pensadores. De camino, un coche empezó a seguirle. Mahfuz dijo después que pensó que se trataba de algún admirador. No lo era. Era un hombre que, de pronto, se apeó del coche y le propinó varias cuchilladas en el cuello. Mahfuz cayó al suelo y su agresor se dio a la fuga. Por fortuna, el gran escritor sobrevivió al atentado, pero aquello fue un ejemplo del «terrorismo cultural» del que había acusado previamente a los fundamentalistas islámicos egipcios.

La posibilidad de sufrir un atentado le venía rondando a Mahfuz por la cabeza desde hacía muchos años. Su novela *El callejón de los milagros*, una alegoría ambientada en El Cairo que narra el nacimiento de los tres grandes monoteísmos —el judaísmo, el cristianismo y el islam—, había sido prohibida por ser una supuesta «ofensa» al islam. Al menos un mulá fanático había declarado que Mahfuz merecía la muerte. Fue descubierta una lista de la muerte en la que el escritor aparecía en los primeros puestos. Pero él «no cree en guardaespaldas», según contó su hija a *The New York Times*. El año del Nobel, 1988, parecer ser que Mahfuz dijo: «Yo voy a pie a la cafetería y nunca miro a derecha ni a izquierda. ¿Y qué si me pillan? He vivido mi vida y he hecho siempre lo que quería».

Sobrevivió al atentado y vivió aún doce años más, con la constante protección que antes había rehusado tener. A consecuencia de las graves heridas que sufrió, solo podía escribir unos minutos al día.

He leído que la fetua contra *Los versos satánicos*, a la que él se opuso públicamente, fue el detonante del atentado contra su persona. Esto es lo que escribió en mi defensa en el libro *For Rushdie*, en el que un centenar de escritores e intelectuales musulmanes me habían expresado su apoyo: «El auténtico terrorismo del que es objeto es algo injustificable e indefendible. A las ideas de uno solo se le pueden oponer ideas ajenas. Aun en el caso de que el castigo se haga efectivo, tanto la idea como el libro permanecerán». Me apena todavía hoy que estas palabras que escribió puedan haber sido la causa de que alguien le atacara con un cuchillo mucho antes de que un cuchillo semejante se clavara en mi cuello también. Tal es el precio de tolerar —de justificar, de fomentar— la intolerancia. Pero Mahfuz estaba en lo cierto: sus ideas, y sus libros, viven todavía.

Solo puedo confiar en que los míos también.

Yo pensaba a menudo en lo que le pasó a Mahfuz sin llegar a creer en ningún momento que algo parecido pudiera sucederme a mí. Intenté imaginarme qué clase de mentalidad había que tener para hundir un cuchillo en el cuello de un anciano, un anciano eminente cuya obra era amada por muchas personas. No me pongo en el nivel de Naguib Mahfuz, pero ahora me veo obligado a considerar la mentalidad del hombre que se disponía a matarme. Así pues, en este capítulo he registrado una conversación que nunca tuvo lugar, una conversación entre un hombre al que solo conocí durante veintisiete segundos de mi vida y yo. En las fotos se lo ve vestido con el uniforme carcelario blanco y negro, y esposado.

Tiene un aspecto serio, el joven, pero, lógicamente, la mayoría de la gente está seria en las fotografías subsiguientes a su arresto. Es posible que en su vida privada sea buena compañía y que cuente chistes. Pero, tal como yo me lo imagino, es un personaje solitario. Tiene las orejas saltonas. Tiene el rostro enjuto y lleva el pelo y la barba cortos. Guarda un ligero parecido con el tenista Novak Djokovic. Se crio en Nueva Jersey, o sea que quizá hablaría con el acento típico de un chico de la región, pero no voy a intentar reproducir aquí esos matices. En las escenas imaginadas que siguen, he viajado a la prisión del condado de Chautauqua y estoy sentado a una mesa metálica en una silla metálica, ambas aseguradas al suelo, lo mismo que la silla en la que está sentado él, con grilletes y esposas. No es que él quiera hablar conmigo, pero no le queda otra porque estoy dando rienda suelta a mi imaginación. Tiene una actitud huraña. No es nada locuaz. ¿Merece la pena vivirla, esa vida suya sin reflexión? Se lo preguntaré.

A través de un vidrio de visión unilateral, nos observan funcionarios de prisiones y puede que también agentes federales. Parece la escena de un interrogatorio sacada de un capítulo de la serie *Ley y orden*. (Como nota al pie, en casa hay una gran adicción a esta serie, de modo que estoy muy familiarizado con el funcionamiento básico de las fuerzas del orden norteamericanas en el terreno del entretenimiento. La realidad es muy otra, por supuesto. Pero no es momento ni lugar para hablar de ello).

¿Cómo enfocar la entrevista con el hombre que blandió el cuchillo? Camino mentalmente a su alrededor, pienso en maneras de iniciar el diálogo. ¿Debería hablarle de Yago, que acabó con su vida, así como con la de Otelo y Desdémona, solo porque el ascenso se lo dieron a otro? Lo que sí quiero preguntarle al A. es qué siente cuando uno arruina su propia vida, pero sospecho que recurrir a Shakespeare no sería empezar con buen pie. Se me ocurren otros momentos arcanos de la literatura. La escena de *Los sótanos del Vaticano*, de André Gide, donde un personaje llamado Lafcadio arroja de un tren en marcha a un hombre al que acababa de conocer y lo mata, así porque sí. O como en *Justicia*, de Friedrich Dürrenmatt, en la que un hombre comete un asesinato delante de muchos testigos y luego insiste en argumentar su inocencia para ver «cómo sería la realidad si el asesino hubiera sido otro, en lugar de yo». Tardo poco en abandonar estos pensamientos, pese a que entiendo que tienen cierta relevancia. No vamos a mantener una conversación literaria.

No quiero mostrarme demasiado amistoso. No es así como me siento. Pero tampoco quiero ser lo contrario. Me interesa que se abra, si es posible. Como un encuentro de verdad es improbable —mejor dicho, imposible— debo encontrar la manera de penetrar en su cabeza. Debo tratar de inventarlo, hacerlo real. No sé si voy a poder.

Una parte de mí desea abalanzase sobre él y clavarle el puño en el cuello.

El A. no ha manifestado el menor remordimiento. No es que yo busque una disculpa, pero sí me pregunto qué siente él ahora que ha tenido tiempo para meditar. ¿Ha abrigado dudas sobre lo que hizo, o está orgulloso de sí mismo? ¿Lo haría otra vez? Una organización iraní le ha ofrecido una recompensa. ¿Piensa cumplir la condena y luego viajar hasta Irán para recibir el premio? Sus mensajes en las redes sociales denotan su admiración por diversos extremistas islámicos. ¿Se considera a sí mismo un héroe, o tan solo un joven de Nueva Jersey que hizo lo que pensaba que debía hacer?

¿Se considera a sí mismo norteamericano?

Carraspeo antes de empezar.

Primera sesión

¿Podemos empezar por la palabra «farsante»?
¿Por qué?
Es el término que empleaste para describirme en el *New York Post*. Dijiste que me considerabas un farsante.

Vale. ¿Y qué? Lo es.

¿Has visto la película *La princesa prometida*?

No. Sí. No sé. ¿Qué más da? ¿A qué viene hablar de cine?

Hay un personaje llamado Vizzini que le tiene apego a la palabra «inconcebible». La dice varias veces en la película. Creo que cinco. Luego, otro personaje, un tal Íñigo Montoya, le dice: «No paras de usar esa palabra. Y creo que no significa lo que tú te piensas». Así que: ¿puedo preguntarte por la palabra «farsante»?

Ya veo. Se pone en plan paternalista.

Solo pregunto qué entiendes tú por esa palabra.

«Farsante» significa que finge decir la verdad cuando no es así, que no es sincero.

Exacto, ese es el significado.

Bien, pues a tomar por culo, señor Sabihondo.

Otra pregunta. Supongamos que tienes razón. Supongamos que yo finjo decir la verdad cuando de hecho estoy engañando a la gente.

Es lo que hace. Todo el mundo lo sabe.

¿Y eso, en tu opinión, es motivo para matar a alguien? ¿A cuántas personas has conocido en la vida que fueran, según tú, unos farsantes?

En Norteamérica hay mucha gente que finge ser sincera, pero lleva máscara y, en realidad, miente.

¿Y eso sería razón para matarlos a todos?

Silencio.

¿Alguna vez has pensado en asesinar a otras personas?

No.

A pesar de que consideras que en Estados Unidos hay muchos farsantes. ¿Seguro que antes de esta vez no habías pensado en asesinar a alguien?

¿Por qué debería contestar?

A tu madre, por ejemplo. Dijiste que ella no te enseñó como es debido sobre el tema religioso. Ahora ha renegado de ti. ¿Dirías que tu madre es una farsante?, ¿que fingía ser sincera cuando en realidad te estaba ocultando la verdad?

Silencio.

Muy bien. Dejemos lo de farsante y examinemos otra cosa: la expresión «todo el mundo».

Qué tontería. Es una expresión común y corriente.

Así es. Una expresión común y corriente que utilizaste para hacer un alegato en mi contra. No soy honrado, dijiste, y «todo el mundo lo sabe».

En efecto. Todo el mundo lo sabe.

¿Puedes explicarme quién es todo el mundo?

Pregunta cosas cuya respuesta ya conoce.

Hazme ese favor.

Todo el mundo es la gente buena. Gente que conoce al Demonio cuando se presenta para engañarlos. Gente que sabe cuál es la diferencia entre el bien y el mal.

Entonces, según tú, no solo soy farsante, sino que además soy el Demonio. ¿Por eso está bien quitarme la vida?

No se haga ilusiones, solo es un demonio de poca categoría.

¿Y a los demonios hay que destruirlos?

Sí.

¿Todo esto lo piensas desde hace mucho tiempo, o bien son ideas recientes?

En nuestra casa no vivíamos de manera correcta. Mi madre, mis hermanas. Yo tampoco. Era un ignorante. Estaba dormido. Ahora estoy despierto.

¿Y quién te despertó?

Dios.

¿Cómo lo hizo? ¿Tuviste algún tipo de revelación?

No soy un profeta. La época de los profetas ya pasó. La revelación de Dios al Hombre está completa. No vi a ningún ángel. Estudié. Aprendí.

¿De libros? ¿De personas concretas?

Del imán Yutubi.

¿Quién es ese?

Lo encontrará en sus canales de YouTube. Tiene muchas caras, muchas voces. Pero todas dicen la verdad.

Dime la verdad.

La verdad es que la verdad tiene muchos enemigos. Los que conocen la verdad saben también que es algo precioso, y que mucha gente quiere devaluarla. Son muchos los que quieren oprimir a los poseedores de la verdad. Por lo tanto, hay que defenderla.

¿Por los medios que sean necesarios?

Sí. Tal como nos enseñó El-Hajj Malik el-Shabazz.

Malcolm X. ¿Eres seguidor de Malcolm X?

Yo sigo a Dios.

¿Sabías que Malcolm tomó esa frase de Frantz Fanon?

No conozco a ningún Fanon.

Un intelectual negro de la Martinica. Y después de Argelia.

Él no importa.

Yo también estudié los orígenes de tu fe, ¿sabes? En una universidad británica.

Pues no aprendió nada.

¿Por qué dices eso?

¿Eran de la fe, sus profesores? ¿Eran imanes que conocían la ley a fondo?

Uno era un marxista francés, y el otro un inglés, no tenía religión.

¿Lo ve? No tenían nada que enseñarle, y eso es lo que aprendió allí.

¿Puedo cambiar de tema? ¿Qué tal si hablamos de tu afición al gimnasio?

Tiene una mente perversa. No puede centrarse en lo que importa. Cambia como las mariposas. Típica mente estadounidense.

Pero yo nací en la India. De una familia musulmana seglar. Tengo una mentalidad india, luego una mentalidad británica y ahora, tal vez, sí, una mente norteamericana.

«Seglar» es sinónimo de «mentiroso». Es una enfermedad.

No me digas. Porque mi madre, por ejemplo, era una persona muy sincera.

Seguro que se ha sentido avergonzada de tener un hijo como usted. Su nombre es musulmán. ¿Por qué conserva ese nombre? Hacerlo es un embuste. Su madre seguramente se sintió avergonzada de llevarlo en el útero. Su familia seguro que siente vergüenza de que sea de la misma sangre que ellos.

Cuando ella murió, en Pakistán, un periódico dijo que quienes asistieron al funeral deberían haber sentido vergüenza.

¿Lo ve? Es lo que le decía.

¿Volvemos a lo del gimnasio?

¿Por qué le obsesiona tanto?

El gimnasio se llama State of Fitness Boxing Club, ¿verdad? Está en North Bergen, Nueva Jersey. Te apuntaste al paquete premium y según parece recibiste veintisiete lecciones de boxeo. Otra vez el número veintisiete. Veintisiete clases, y veintisiete segundos duró el ataque. Sería aún mejor si tuvieras veintisiete años, ¿no? En fin. Tú eres reservado. Apenas hablabas con nadie, en el gimnasio. Tu madre dijo que eras un chico muy reservado. Pero eso no impidió hacerte oír la noche antes de subirte al autocar rumbo a Chautauqua. Enviaste un email al gimnasio para darte de baja.

¿Y qué?

Permíteme que te pregunte una cosa. Tú sabías claramente que no ibas a volver a tu vida de antes. No más clases de boxeo en el gimnasio, no más vídeos del imán Yutubi en tu sótano. Eras noctámbulo, según dijo tu madre, te encerrabas en ese sótano y te hacías tú mismo la comida. Pero cuando te diste de baja del gimnasio sabías que eso se había terminado. No solo ibas a destrozarme la vida a mí, sino la tuya también. Quizá sabías que estarías encerrado, pero no tú solo ni en tu sótano. Que te encerrarían en otro sitio.

Muy bien, sí.

¿O pensaste que lograrías escapar y te darías a la fuga? ¿Que irían a por ti pero que tú los engañarías y cruzarías la frontera canadiense, que no está muy lejos de Chautauqua? Tenías una documentación falsa, ninguna tarjeta de crédito, pero sí una buena cantidad de dinero en efectivo. ¿Pensabas conseguir una embarcación y cruzar el lago Erie, donde la frontera es líquida, tan solo una línea imaginaria que divide el lago por la mitad? ¿Ibas a comenzar de cero en, qué sé yo, Vancouver?

No, no sabía qué iba a pasar.

Pero sí sabías que no volverías a casa. Adiós a todo eso. Una vez, tuviste la idea de terminar tus estudios universitarios. Eso se acabó.

Supongo.

Trato de comprenderte. Solo tenías veinticuatro años. Toda la vida por delante. ¿Por qué estabas tan dispuesto a echarla a perder? Hablo de tu vida. No de la mía. La tuya.

No intente comprenderme. Usted no tiene capacidad para entenderme.

Pero debo intentarlo, porque durante veintisiete segundos tuvimos una relación muy íntima. Tú te adjudicaste el papel de Muerte. Yo hacía de Vida. Es una unión muy profunda.

Estaba dispuesto a hacerlo. Yo servía a Dios.

Estás convencido de eso, de que es algo que tu Dios quería que hicieses.

El imán Yutubi lo dejó muy claro. Aquellos que están contra Dios no tienen ningún derecho a vivir. Y nosotros tenemos el derecho a acabar con ellos.

Pero la mayoría de la población de la Tierra no sigue a tu Dios. Si adoran a otros dioses, o a ninguno, ¿tienes el derecho a acabar también con ellos? Dos mil millones son seguidores de tu Dios. Seis mil millones, no. ¿Qué piensas de esa gente?

Depende.

¿De qué?

De su conducta.

Y la conducta farsante merece la muerte.

Se podría decir así, sí.

Deja que te haga una pregunta sobre tus creencias. ¿Tú crees que todo lo que viene de Dios es sagrado?

Naturalmente. Claro. La palabra de Dios es sagrada y otro tanto sus actos.

¿Estás de acuerdo con que la vida es un regalo de Dios?

Sí.

Entonces ¿cómo puede estar bien que un hombre quite lo que Dios ha dado? ¿No debería ser Dios quien decida eso?

Está intentando confundirme, me doy cuenta. Utiliza trucos, como cualquier demonio. Ni siquiera cree en Dios. Un ateo es lo más inmundo que existe. Usted ni siquiera merece hablar conmigo. No es mi igual.

Quiero entenderte. Pero me cuesta. Los motivos que das no me parecen de suficiente peso para que un joven, un joven que nunca antes había sido violento, un joven que ni siquiera destacaba como púgil, un aficionado... para que alguien así decida sacrificar el resto de su vida solo por asesinar a un desconocido. La decisión de asesinar (de ser un *asesino*) no es una decisión cualquiera. Y sin embargo tú emprendiste esa tarea con total seriedad y esmero. Hiciste planes detallados. Pero nunca antes habías hecho nada parecido. ¿Qué te cambió?

Si usted creyera en el Cielo, lo entendería.

A ver.

Entendería que la vida, aquí en este mundo, carece de importancia. Es solo una antesala en la que lo mejor que podemos hacer es seguir a Dios; y después de esta vida, disfrutaremos de la vida eterna. O sea que da igual dónde pase yo estos años. Cuando usted esté ardiendo en el infierno, yo estaré en el jardín perfumado. Tendré mis ángeles custodios, mis hermosas huríes que ningún hombre ni djinn ha tocado nunca. Está escrito: «¿Cuál de las bendiciones de Dios rechazarías?»

Escrito, ¿dónde?

En el Libro.

Me gustaría hablar de libros.

Solamente hay uno del que valga la pena hablar.

Deja que te hable de un libro que habla de un libro. Lo escribió el autor turco Pamuk, que lo tituló *La vida nueva*. En este libro hay un libro que no tiene nombre, y no sabemos qué es lo que está escrito en sus páginas. Pero a todo aquel que lo abre, ese libro le cambia la vida. Después de leerlo ya nadie es como era antes. ¿Conoces un libro así? Por supuesto. Es el libro que contiene la Palabra de Dios tal como el Arcángel se la dictó al Profeta. ¿El Profeta la puso por escrito al momento?

Bajó de la montaña y recitó, y los que estaban allí fueron tomando nota en lo que tenían más a mano.

Y el Profeta recitó con exactitud absoluta. Palabra por palabra, todo lo que dijo el Arcángel. Y luego lo pusieron por escrito con exactitud absoluta también. Palabra por palabra.

Eso es evidente.

¿Y qué fue de esas páginas?

A la muerte del Profeta, sus compañeros las ordenaron y eso es el Libro.

Y las pusieron en orden con exactitud absoluta.

Todo creyente verdadero lo sabe. Solo un impío haría esta pregunta, y los impíos no importan.

¿Puedo preguntarte una cosa sobre la naturaleza de Dios?

Dios todo lo abarca y todo lo sabe. Dios es Todo.

Que yo sepa, en tu tradición se dice que hay una diferencia entre vuestro Dios y el Dios de los otros pueblos del Libro, los judíos y los cristianos. Ellos creen, como dice en sus libros respectivos, que Dios creó al Hombre a su propia imagen.

Se equivocan.

Porque, si estuvieran en lo cierto, entonces Dios guardaría cierta semejanza con los hombres, ¿no? Se parecería un poco a un hombre, quizá tendría una boca y una voz, y sería capaz de usarlas para decirnos cosas...

Eso no es correcto.

Porque, según tu tradición, la idea de Dios es que es tan superior al Hombre, tan sumamente elevado, que no tiene ninguna cualidad humana.

Exacto. Por una vez no está diciendo majaderías.

¿Qué cualidades consideras tú que son humanas?

El cuerpo. Nuestro aspecto y lo que somos.

¿Y el amor? ¿Es una cualidad humana? ¿Y el deseo de justicia? ¿Y la piedad? ¿Dios tiene de eso?

No soy ningún erudito. El imán Yutubi, sí. Tiene muchas cabezas y muchas voces. Yo sigo su palabra. Él me lo ha enseñado todo.

No lo decía en ese sentido. Tú estás de acuerdo en que ese Dios tuyo no tiene cualidades humanas, ateniéndote a lo que dice tu tradición. A ver esto: ¿el lenguaje es una cualidad humana? Para tener un lenguaje, Dios debería tener boca, lengua, cuerdas vocales, voz. Su aspecto debería ser humano. «A su imagen y semejanza». Pero tú dices que Dios no es así.

Ya. ¿Y qué?

Pues que si Dios está por encima del lenguaje (tan por encima como lo está de todo cuanto es puramente humano), entonces ¿cómo nacieron las palabras de tu Libro sagrado?

El Ángel entendió a Dios y transmitió el Mensaje de manera tal que el Mensajero pudiera entenderlo, y el Mensajero lo recibió.

¿El Mensaje era en árabe?

Así es como lo recibió el Mensajero y como lo pusieron por escrito sus compañeros.

¿Puedo preguntarte una cosa sobre la traducción?

Otra vez igual. Estamos yendo en un sentido de la carretera y de repente da un volantazo y quiere ir en sentido contrario. Además de mariposa, pésimo conductor.

Solo quiero sugerir que cuando el Arcángel comprendió la Palabra de Dios y se la transmitió al Mensajero de forma que este pudiera entenderla, estaba traduciendo la Palabra. Dios se comunicó de la manera en que Dios se comunica, una manera que está tan por encima de la comprensión humana que no podemos ni empezar a asimilarla siquiera, y el Ángel se la hizo comprensible al Mensajero pronunciándola en lenguaje humano, que no es el lenguaje de Dios.

El Libro es una Palabra de Dios increada.

Pero habíamos quedado en que Dios no tiene palabras. Así pues, lo que leemos es una interpretación de Dios. Entonces ¿podría ser que hubiera otras interpretaciones? A lo mejor la tuya, o sea la de Yutubi, no es la única. A lo mejor no existe una sola interpretación correcta...

Es usted una serpiente.

¿Puedo saber en qué idioma lees el Libro? ¿En el original, o en otro?

Lo leo en esta lengua inferior que estamos utilizando ahora.

Otra traducción.

Lo entendí gracias a las muchas horas de instrucción que recibí del imán Yutubi.

En tu vida de noctámbulo, encerrado en tu sótano, pegado al portátil. Entre jugar a videojuegos y ver Netflix.

Pues claro.

Y lo que recibías del multicabezudo imán eran nuevas interpretaciones. Más actos de traducción, por decirlo así.

Eso que dice no tiene ningún sentido, y ninguna relevancia tampoco para lo que importa realmente.

Intento hacerte entender que, incluso según tu propia tradición, la incertidumbre existe. Así lo sugirieron varios de vuestros primeros filósofos. Los yutubis de los siglos anteriores a YouTube. Ellos dicen que todo es factible de ser interpretado, incluso el Libro. Se puede interpretar conforme a la época en que vive quien lo interpreta. La literalidad es un error.

Está equivocado. La Palabra es la Palabra. Cuestionarlo es cuestionar el significado mismo de la vida. De la estabilidad del universo.

Una última pregunta y nos tomamos un descanso hasta mañana. ¿Has estado alguna vez en Jerusalén?

No.

Porque allí en Jerusalén, como sabes, está la Cúpula de la Roca.

El Haram al-Sharif. Al-Aqsa.

Verás, yo tampoco he estado en Jerusalén, pero me han dicho que en los muros de esa mezquita hay ciertas inscripciones de versos sacados de tu Libro.

Naturalmente.

Y me han contado que, cosa curiosa, algunos de esos versos son ligeramente diferentes de los del Libro que tú tienes.

Eso es imposible.

Es imposible, ¿verdad? Porque la mezquita es muy antigua. ¿Qué podría significar, que esas viejas palabras de los muros no sean exactamente las que hay en tus páginas?

Solo significa que usted no dice la verdad. Que miente. Para variar.

No lo discutiré. Yo no he podido verlo por mí mismo.

Dice que lo que escribe son «ficciones». Que es lo mismo que decir «mentiras».

Como lo de «seglar».

Exacto. Usted se gana la vida como embustero.

Dejémoslo aquí. Quizá mañana nos llevaremos mejor.

Segunda sesión

¿Podemos hablar hoy de viajes por el extranjero? ¿Te gusta viajar a otros países? ¿Crees que viajar ensancha la mente?

Más preguntas estúpidas. No me interesa para nada el turismo. El mundo es igual en todas partes. La cuestión es si uno es capaz de verlo tal como es. Son pocos los que pueden hacerlo.

Pero en 2018 saliste de Estados Unidos. Viajaste al Líbano.

Fui a visitar a mi padre. Eso es lo opuesto al turismo.

Dicen que Beirut era una ciudad preciosa antes de la explosión del año 2020. Tienes suerte de haberla visto. Una ciudad de gran cultura, gran civilización, una ciudad abierta y liberal, conocida como el París de Oriente.

No estuve en Beirut. Y se inventa cosas. Quizá no está al corriente de los conflictos en esa parte del mundo, la guerra civil, las guerras entre Siria e Israel. Mi padre no vive en Beirut, sino en un pueblo cerca de la frontera.

Tu madre dice que al principio no te gustó aquello, que querías marcharte enseguida. Pero estuviste allí un mes y volviste muy cambiado. O sea que, según parece, el viaje afectó a tu manera de pensar.

Mi madre puede decir lo que le plazca.

A tu expadrino le sorprendió mucho lo que hiciste. Lloró, dijo que eras un joven inteligente y de muy buen corazón y que eras incapaz de hacer daño a nadie. O sea que cambiaste. Algo te pasó allí que alteró por completo tu personalidad.

Silencio.

Tus vecinos de Fairview, Nueva Jersey, te describen como un solitario que socializaba poco. Pero en Líbano, me imagino, sí que socializabas. Entiendo que conociste a gente.

Claro que sí.

¿Qué puedes decir de esas personas?

Que eran fuertes. Poderosas. Que entendían el mundo y lo veían tal como es.

¿Eran personas religiosas? ¿Más que tu madre y tus hermanas?

Eran hombres. Comprendían la fe como solo un hombre puede hacerlo. No se tragaban chorradas de nadie. Servían a Dios y luchaban por él.

Te abrieron los ojos.

Me abrieron el corazón.

Luego volviste y te mudaste al sótano de la casa de tu madre y dejaste de hablar con ella y con tus hermanas. ¿Qué hacías allí abajo?

Lo que dijo. Jugar a videojuegos y ver Netflix. Y escuchar al imán Yutubi.

Y así viviste durante cuatro años.

Estaba reflexionando.

¿Sobre qué?

Sobre los muchos enemigos que tenemos. Es como usted mismo dijo. Una cuarta parte de la raza humana (dos mil millones de personas) somos nosotros, las otras tres cuartas partes no lo son, y muchos nos odian. En Estados Unidos se puede ver claramente. En Líbano también pude verlo. El enemigo está por todas partes, y nosotros hemos de aprender a luchar. Dos mil millones contra seis mil millones. Debemos aprender a superar esa desventaja.

Quisiera ahondar en esto, en el concepto de enemigo.

Claro. Porque usted lo es.

Y la idea del enemigo justifica la violencia contra dichas personas...

El enemigo es la violencia con forma humana. Violencia que anda y habla y actúa. En cierto modo, el enemigo no es humano. Es un demonio. ¿Qué hay que hacer respecto a entes así? Ya conoce la respuesta, porque usted es el ente.

Tú consideras que soy violencia con forma humana. Invertiste cuatro largos años en aprender eso.

Usted es lo de menos. Aprendí muchas cosas. Y al final me pregunté a mí mismo: ¿qué estoy dispuesto a hacer, yo, como individuo, contra el enemigo? Fue entonces cuando empecé a pensar en gente como usted.

¿Cómo es la gente como yo?

Gente a la que odian dos mil millones de seres. Eso es lo único que hace falta saber. ¿Qué sensación dará, que te odien de esa manera? Imagino que se sentirá como un gusano. En el fondo, pese a ese discurso de sabelotodo, usted sabe que es menos que un gusano. Un gusano que aplastar con el zapato. Habla de viajar al extranjero, pero no puede poner el pie en la mitad de los países del mundo porque allí le aguarda mucho odio. Venga, diga algo sobre eso. Estoy esperando.

Es cierto que he aprendido mucho sobre la demonización. Sé que es posible inventar la imagen de un hombre, un segundo yo que guarda muy poco parecido con el primero, pero que, de tanto repetirlo, gana credibilidad hasta que empieza a parecer real, más real que el primer yo. Creo que el que tú has conocido es ese segundo yo inventado, y contra el que diriges tu sentido del enemigo. Pero, respondiendo a la pregunta, sé que no soy ese segundo yo. Yo soy yo, y estoy contra el odio y a favor del amor.

Eso es falsedad. Lo que sé de usted es real. Todo el mundo lo sabe.

Hay un cuento de Hans Christian Andersen sobre una sombra que se separa de un hombre y se convierte en más real que él. Al final la sombra se casa con una princesa y el hombre de verdad es ejecutado por ser una falsificación.

No me venga con cuentos, ya le dije que paso de eso.

¿Y si te dijera que el núcleo de ese libro que escribí y que tú odias pese a que solo leíste dos páginas es una familia musulmana del este de Londres que tiene un restaurante–cafetería, una familia retratada con verdadero amor? ¿Y si te dijera que antes de eso escribí un libro en el que situaba a una familia musulmana descrita con simpatía como núcleo en torno al cual se narraba la independencia de la India y Pakistán? ¿Y si te dijera que, cuando algunos neoyorquinos se opusieron al proyecto de construir una mezquita cerca de la Zona Cero del 11-S, yo defendí el derecho a que hubiera una mezquita allí? ¿Y si te dijera que me he opuesto contundentemente a la ideología sectaria de la actual administración india, de la que los musulmanes son la víctima principal? ¿Y si te dijera que una vez escribí un libro en el que la situación de los musulmanes de Cachemira, y de un joven cachemir que opta por la yihad, era retratada en términos favorables? En cierto modo escribí ese libro, *Shalimar el payaso*, sobre ti antes de conocerte siquiera, y al escribirlo supe que el carácter es el destino; en tu caso, hay algo que trato de dilucidar, algo dentro de ti al margen de todo ese ruido de Yutubi que hizo posible que acabaras empuñando el cuchillo.

Lo que diga me trae sin cuidado. Sabemos quién es. Si piensa que puede ganarnos, entonces es usted un tonto.

Muy bien. En ese caso, soy esa clase de tonto, sí.

Silencio.

¿Y si te dijera que el motivo de que yo, y otras personas como yo, siempre haya estado contra la pena capital es que existen muchas condenas injustas, y que si aquel a quien se condena injustamente es ejecutado, entonces no hay manera de rectificar las cosas?

No mienta. Está en contra de la pena de muerte porque fue condenado en justicia y le da miedo morir.

¿Y si te dijera que hay escritores musulmanes que opinan que mi libro, ese que tú odias tras haber leído dos páginas, es un libro hermoso y sincero? ¿Y si te dijera que tienen la intención de reivindicar mi libro en tanto que obra artística? ¿Existe la posibilidad de que pudieras considerar la posibilidad de que hay otras maneras de ver lo que hago, lo que he hecho? Tú quisiste ser verdugo. ¿Y si más adelante lees a esos escritores y comprendes que quizá estabas equivocado?

Eso no tiene importancia. No soy un gran lector, pero yo sé lo que sé.

Tendrás tiempo de sobra para leer. Adonde vas no creo que tengas Netflix ni videojuegos.

Me da igual.

Supongo que tu videojuego favorito es *Call of Duty*, ¿no?

Imaginaciones suyas.

¿Y si te digo que mi hijo más joven (que no es ni dos años mayor que tú) es un experto en ese juego? Podría ser que hubierais jugado el uno contra el otro, el universo de los *gamers* es enorme. ¿Qué te parece? ¿Te imaginas que, detrás de todos esos pseudónimos, tal vez hayáis sido amigos? ¿Adversarios amistosos? ¿O incluso miembros del mismo equipo?

No me parece nada de nada.

La escritora Jodi Picoult, en su novela *My Sister's Keeper*, dice lo siguiente: «El solitario, diga este lo que te diga, no lo es porque le encante la soledad. Es porque anteriormente ha intentado integrarse en el mundo y la gente lo sigue decepcionando». Es una reflexión útil. Te veo ahora con veinticuatro años, decepcionado ya de la vida, desilusionado con tu madre, tus hermanas, tus padres, tu falta de talento para el boxeo, tu falta de talento sin más; decepcionado ante el lúgubre futuro que se te viene encima y del que te negabas a sentirte culpable. Pero necesitabas culpar a alguien, lo deseabas, y toda esa culpa no adjudicada te impedía vivir en paz. Y entonces algo, un tuit, un vídeo, vete a saber, dirigió toda esa vida de culpa hacia mi persona y se posó sobre mi cabeza, y ahí empezaste a hacer planes.

Silencio.

Son especulaciones mías. Has vivido gran parte de tu vida nocturna en universos imaginarios. En dichos universos, como el de *Call of Duty*, la muerte está en todas partes pero no es real. Matas a muchas, muchas personas, y al mismo tiempo no matas a nadie. Decís: Corre mata escóndete. Lo de ir a Chautauqua, ¿fue una jugada más en la partida? ¿Se trataba de matar sin que nadie muriera? ¿O quizá ni siquiera tú sabías que lo ibas a hacer, porque eso significaba cruzar la frontera entre el mundo *gamer* y este mundo, y quizá sería demasiado? Podías llevar contigo el cuchillo de *gamer*, pero en el mundo real el cuchillo cortaría, heriría y mataría de verdad. Creo que ni tú mismo estabas seguro de que ibas a hacerlo hasta que yo salí al escenario y te levantaste de tu asiento y empezaste a correr. Y entonces tus pies traspasaron el punto de no retorno y ya no hubo manera de parar. Te plantaste delante de mí y allí estaba yo: la realidad. La pura y dura realidad, sin disfraces, cara a cara, mirándote a los ojos. Estaba yo y estaban también tus otras realidades, tu soledad, tus fracasos, tus desilusiones, tu necesidad de culpar a otro, tus cuatro años de adoctrinamiento, tu concepto del Enemigo. Yo era todas esas cosas, y entonces empezaste a dar cuchilladas y te pareció espeluznante, te hacía bien y al mismo tiempo era espeluznante. Seguro que estabas asustado. Cagado de miedo. Porque el que había vivido en la ficción eras tú, y ahora te enfrentabas a las consecuencias de entrar en el mundo real de la mano de tus ficciones, y quien dice el mundo real dice el asesinato y esa vida tuya que has echado a perder.

Silencio.

Disculpa mi curiosidad: ¿tienes novia?

¿Qué clase de pregunta es esa?

Una pregunta normal que le harías a un tío normal. ¿Te has enamorado alguna vez?

Yo amo a Dios.

Claro. Me refería a seres humanos. Me hablaste de las huríes, lo recuerdo, pero el Cielo de momento está un poco lejos. Me temo que de momento no habrá huríes. ¿Qué me dices de aquí abajo?

No es asunto suyo.

Lo interpretaré como un no. ¿Y novios? El otro día hablabas de tu admiración por los hombres de verdad, allá en Líbano. ¿En Nueva Jersey los hay también?

No se ponga repugnante.

Vale, otro no. Entonces ¿nunca te has enamorado? ¿De nadie en toda tu vida? Estás despertando en mí un sentimiento inesperado.

¿Qué sentimiento?

Pena.

¿Que yo le doy pena? No, no. Es usted el que me da pena a mí. Aparte de que es un grosero y un entrometido.

Te diré lo que es grosero y entrometido. Veintisiete segundos de ataque con un cuchillo. En mi opinión, eso me autoriza de algún modo a hacerte preguntas personales. ¿Qué diferencia hay entre ser virgen y ser un soltero forzoso?

No me toque los cojones.

Al soltero forzoso le cabrea ser virgen. Tú estás cabreado. Seis mil millones de enemigos, ni un solo amigo, amantes menos de cero. Furioso. Un montón de rencores. Me pregunto a quién tratabas de matar en realidad. ¿A una chica que se te quitó de encima? ¿A un chico que conociste en el gimnasio o en la frontera con Israel? ¿A tu madre, quizá? Eso es lo que piensa una amiga mía, ¿sabes?, y ella es mucho más inteligente que yo. ¿Fui una víctima por delegación?

¿Qué cara estabas viendo mientras te dedicabas a acuchillarme?

La conversación ha terminado.

Ni hablar. Verás, el caso es que todo esto está pasando dentro de mi cabeza, o sea que no se acaba hasta que mi cabeza lo diga. Tú no hace falta ni que pienses lo que vas a decir: yo me encargo de poner las palabras en tus labios.

Entonces no valdrán de nada.

Estoy pensando en otros asesinos motivados por la religión: los que secuestraron aquellos aviones el 11 de septiembre de 2001; los que atacaron salvajemente el Taj Palace y el Oberoi, dos hoteles de Bombay, un centro judío jabad y el muy querido Leopold Café el 26 de noviembre de 2008. No recuerdo que se hablara de que tuvieran esposa o novia, ninguno de ellos, ninguna pareja horrorizada que los denunciara mientras que lloraba su muerte. Es posible que a un hombre enamorado le cueste más llevar a cabo ese tipo de agresiones a sangre fría. Es posible que la soledad de esas personas sea un requisito para decidirse a cometer actos así. Y puede que tú, querido A., pertenezcas a ese grupo de asesinos solitarios.

Si es lo que ha decidido creer, adelante, créalo. Pero mi vida sentimental no tiene absolutamente nada que ver con mis decisiones.

Y ahora hablemos de Estados Unidos.

¿Por qué?

Bueno, solo para ver si debajo del islamista radical encuentro al muchacho de Jersey. ¿Te gusta Springsteen? ¿Sigues el fútbol? ¿Eres de los Jets o de los Giants? ¿Y el baloncesto? ¿Pasaste de los Nets cuando se mudaron a Brooklyn? ¿Y qué me dices de Bon Jovi? ¿Queen Latifah? ¿Meryl Streep? Bueno, retiro lo de Meryl Streep. No creo que sea tu tipo.

No pienso responder.

Hablemos entonces a nivel nacional. ¿No te parece que el asesinato es el deporte estadounidense por excelencia? Los estadounidenses se asesinan unos a otros a diario en grandes cantidades. Asesinamos a niños, adultos, judíos... lo que haga falta. Asesinamos en centros comerciales y en hospitales y en lugares de culto. Utilizo la primera persona del plural porque yo también tengo nacionalidad estadounidense. Tú naciste aquí, yo no, o sea que podrías argumentar que no soy tan estadounidense como tú. Yo, desde luego, nunca he pensado en matar a nadie, ni he hecho planes al respecto. Pero tú si hiciste un plan. Sin embargo, a la hora de la verdad no te salió del todo bien. Y, ahora que lo pienso, eso no es muy estadounidense por tu parte. Quizá es que te salió la vena libanesa. ¿Tú qué opinas?

Opino que dice muchas chorradas.

Deja que te haga una pregunta seria. ¿Qué valor dirías tú que tiene una vida humana?

¿Valor en qué sentido?

Bueno, no hablo de valor monetario. No te pregunto cuánto cobrarías por un asesinato. Digamos que es una pregunta de tipo ético. La vida, según tú, ¿es valiosa o barata?

Depende de quién sea la persona.

¿Y quién determina su valor?

Aquel que tenga poder sobre los demás. Si uno no tiene poder, su vida no vale una mierda.

Entonces tú, con el cuchillo, tenías poder e hiciste una valoración de mi vida.

Se podría expresar así.

Pero ahora tú estás en la cárcel y soy yo quien hace las preguntas. Sorprendente, ¿no?

Sí. Estoy sorprendido.

¿Qué valor le asignas a tu vida? Me gustaría saberlo. Quería preguntarte en relación con Sócrates, quien dijo que una vida sin reflexión no merece la pena ser vivida. De lo que se deduce que solo con reflexión merece la pena vivir. Ahora la pregunta: ¿Tú reflexionas sobre tu vida? ¿Miras cada día en tu interior y tratas de decidir lo que piensas de tus actos?

Eso a mí me suena a presunción. A puto narcisismo. «Oh, vida, deja que mire en mi interior, porque se trata de mí: yo soy el importante».

¿Y no lo eres?

He intentado hacerle ver esto. Yo no soy importante. Usted es lo menos importante. Lo importante es servir a Dios. Si uno es siervo de Dios, entonces eso es lo que importa. Mire, en la escuela hacían un experimento con limaduras de hierro y un imán. Al encarar el imán, todas las limaduras se ponen en línea. Señalan todas en la misma dirección. Pues eso es lo que le estoy diciendo. El imán es Dios. Si uno está hecho de hierro, señalará en la dirección correcta. Y el hierro es la fe.

Empiezo a entender. Tú quieres ser un siervo. Te pusiste a buscar un maestro o una idea a los que venerar. Tú no querías ser libre. Querías someterte.

Sigue sin comprender. Solo la sumisión conduce a la libertad. Parece mentira que no lo pille.

Muchas gracias. Tengo alguna cosilla más que preguntar, pero ya habrá tiempo.

Déjeme marchar. Sáqueme de aquí. ¿Es esta su venganza, tenerme preso dentro de su cabeza?

Esto no es una prisión. Es una escuela, en todo caso.

Usted no tiene nada que enseñarme.

Estamos en un lugar donde el profesor no puede enseñar nada y donde el alumno es incapaz de aprender. Y tampoco está claro quién es el alumno y quién el instructor.

Y así durante toda la eternidad.

Bueno, eternidad es mucho decir. Dejémoslo en cadena perpetua.

Cuarta y última sesión

En su *The Faith of a Rationalist*, Bertrand Russell dice lo siguiente: «El hombre tiende a tener las creencias que convienen a sus pasiones. Los hombres crueles creen en un Dios cruel y recurren a su fe para justificar su crueldad. Solo los hombres bondadosos creen en un Dios bondadoso, y serían bondadosos pasara lo que pasase». Suena convincente. Sin embargo, en tu caso, querido A., no acaba de cuadrar. ¿Cuántos años tenías cuando fuiste a ver a tu padre al Líbano? ¿Diecinueve? Un chaval solitario, sin padre durante buena parte de su vida, un chico con una voz interior, que se dejaba guiar, que se dejaba moldear, necesitado de ambas cosas, pero en absoluto cruel. «Un chico inteligente que nunca le haría daño a nadie». Entonces la pregunta es: ¿se le puede enseñar crueldad a un chico así, que apenas ha llegado a la madurez? ¿Estaba la crueldad agazapada en su interior, esperando las palabras adecuadas que la hiciesen salir?, ¿o era algo que de hecho podía plantarse en el suelo virgen de su personalidad a medio hacer, para que echara raíces y floreciera? Quienes te conocen se sorprendieron de lo que hiciste. El asesino que hay en ti no había mostrado su cara hasta entonces. Ese yo virgen necesitó cuatro años de imán Yutubi para convertirse en lo que te has convertido.

Usted no me conoce y nunca llegará a conocerme.

Una cosa que yo solía decir hace mucho, cuando la catástrofe se cebó en *Los versos satánicos* y en su autor, era que una forma de entender la discusión en torno a ese libro era que se trataba de una pelea entre los que tienen sentido del humor y los que no. Ahora te veo a ti, mi frustrado asesino, *hypocrite assassin, mon semblable, mon frère*. Puede que intentaras matarme porque no sabías reír.

Fin de la conversación imaginada. Ya no tengo energías para imaginar al A., del mismo modo que él nunca tuvo la capacidad de imaginarme a mí. Pero aún hay cosas que desearía decirle pese a que dudo mucho que él tenga la capacidad de oírlas.

La más importante es que el arte desafía a la ortodoxia. Rechazar o vilipendiar el arte porque haga esto, es no entender de qué va. El arte enfrenta la apasionada visión personal del artista a las ideas dominantes de su época. El arte sabe que las ideas recibidas son enemigas del arte, como nos dice Flaubert en *Bouvard et Pécuchet*. Los estereotipos son ideas recibidas, lo mismo que toda ideología, tanto para quienes dependen de la aprobación de invisibles dioses celestiales como para los que no. Sin arte, nuestra capacidad de pensar, de ver con mirada renovada, de reconducir nuestro mundo, se marchitaría o se extinguiría. El arte no es un lujo. Es algo esencial al género humano y no demanda ninguna protección especial salvo el derecho a existir.

Acepta la discusión, la crítica, incluso el rechazo. Pero no la violencia.

Y, al final, sobrevive a quienes lo reprimen. El poeta Ovidio fue enviado al exilio por César Augusto, pero la poesía de Ovidio ha perdurado y el Imperio romano no. Stalin le arruinó la vida al poeta Mandelshtam, pero la obra de este ha perdurado y la Unión Soviética no. El poeta Lorca fue asesinado por los matones del general Franco, pero su arte ha perdurado y el fascismo y la Falange, no.

Hay veces en que uno se topa con las palabras que cree necesitar, palabras que le parecen las adecuadas aunque vengan de un escritor en quien raras veces piensa y sean de un filósofo al que uno no lee. Las siguientes palabras son de Joseph Campbell, hablando de Nietzsche:

> Se le ocurrió una idea [a Nietzsche] y la bautizó como «amar lo que nos toca en suerte». Sea cual sea tu destino, pase lo que pase, dices: «Esto lo necesito» […] Toda desgracia a la que puedas sobrevivir es una mejora en tu carácter, tu talla y tu vida.

Con el tiempo uno se da cuenta de que lo que aquí se dice es un estereotipo, que probablemente no es verdad. Para expresarlo de una forma coloquial: lo que no te mata te hace más fuerte.

¿Es así? ¿En serio te hace más fuerte?

7

SEGUNDA OPORTUNIDAD

Milan Kundera, que murió mientras yo escribía este libro, creía que la vida es una y punto. No puedes revisar lo que sucede. No hay segundo borrador. Es lo que quiso decir con la «insoportable levedad del ser», que, según comentó él en una ocasión, podría ser el título de cualquiera de los libros que escribió; y que podía ser liberador además de insoportable. Siempre he estado de acuerdo con esta idea, pero el atentado del 12 de agosto me hizo repensarla. Mientras me recuperaba de las heridas, tanto físicas como psicológicas, de nada podía estar menos seguro que de que saldría «más fuerte» de la experiencia. Me contentaba con haber salido con vida. Si más fuerte o más débil, era demasiado pronto para decirlo. Lo que sí sabía era que, gracias a una combinación de suerte, destreza de los cirujanos y buenos cuidados, me había sido dada una segunda oportunidad. Estaba teniendo lo que Kundera creía imposible: un segundo intento de vida. Había sobrevivido contra todo pronóstico. Ahora la pregunta es: Cuando te dan una segunda oportunidad, ¿qué uso le das? ¿Qué haces con ella? ¿Qué deberías hacer igual y qué podrías hacer diferente? Me vino a la cabeza Raymond Carver, concretamente su poema «Chollo», que iba sobre el momento en que le dijeron que le quedaban seis meses de vida, aunque luego viviría diez años más. El poema fue escrito tras saber que finalmente el tiempo se le había acabado. El cáncer de pulmón lo tenía entre sus garras y ya no lo iba a soltar.

[…] «*No lloréis por mí*»,
dijo a sus amigos. «*Soy un hombre con suerte.*
He vivido diez años más de lo que ni yo ni nadie
esperaba. Un chollo. Que no se os olvide».

Era una buena manera de verlo. Cada día de la vida, ahora, era un chollo. Gracias, Ray. E, igual que tú, también yo puedo «llamarme a mí mismo querido». Sí, me sentido «querido en la tierra». Odiado, cierto, pero la carta «querido» siempre gana al odio.

Eliza y yo decidimos no pensar a largo plazo. Daríamos gracias por cada día de chollo y lo viviríamos plenamente. Nos preguntaríamos cada mañana: ¿Cómo estamos hoy? ¿Cómo están las cosas en este momento? ¿Qué sería bueno hacer hoy?, ¿qué estaría bien hacer de nuevo? Y, en este caso, ¿cómo nos dispondríamos a hacerlo y con quién? ¿Qué tipo de cosa deberíamos descartar mientras nuestro instinto no nos diga lo contrario? El cortoplacismo se convirtió en nuestra filosofía. El horizonte estaba demasiado lejos. La vista no nos alcanzaba para tanto.

Ciudad Victoria salió a la venta la semana anterior a nuestra celebración de San Valentín, y su acogida me alegró el corazón. Me han publicado cosas buenas y cosas menos buenas, pero este libro fue especial, en parte por razones obvias –que yo aún estuviera vivo para verlo–, pero sobre todo por algo que puede parecer menos obvio: que las reseñas y comentarios no se movían por sentimientos de solidaridad o compasión, no eran en plan «Seamos amables con el pobre Salman», sino un compromiso serio con el libro en cuanto obra de arte. Por regla general olvido las buenas críticas y recuerdo las malas, pero esta vez no caí en esa negatividad. Por encima de todo, me enorgulleció el éxito de la novela en la India, donde se hablaba de él con conocimiento de causa, entendimiento, entusiasmo y amor. Probablemente mi libro con mejor acogida en mi país natal desde aquel lejano *Hijos de la medianoche*. Algunos distinguidos críticos indios que escriben en publicaciones occidentales fueron asimismo laudatorios. Aquello era un sueño, y me dio esperanza y nuevas fuerzas.

No pude hacer gran cosa en lo referente a promocionar el libro. Fue, sin embargo, extraordinario ver cómo colegas míos de oficio tomaban la iniciativa y llenaban ese vacío. Vi a Neil Gaiman y Margaret Atwood hablar de *Ciudad Victoria* con Erica Wagner en un programa en directo visto por una audiencia numerosa; Sarita Choudhury leyó fragmentos de la novela mejor de lo que yo me habría atrevido a esperar que lo hiciera nadie. En el Hay Festival del Reino Unido, Elif Shafak, Douglas Stuart y de nuevo Atwood charlaron elogiosamente sobre el libro. Tener la reconfortante sensación de que, mirara donde mirase, mis amigos me abrazaban, fue importante a la hora de considerar qué nuevos pasos debía dar para reintegrarme en el mundo.

Fui a visitar a Paul Auster en su casa de Park Slope, en Brooklyn. Qué mal año había tenido: primero la muerte de su nieta y luego la de su hijo. Y ahora el cáncer. Paul había empezado quimioterapia y ya no tenía pelo, él, que siempre había lucido un pelo precioso. Ahora se cubría la cabeza con una gorra. Estaba más delgado. Pero mantenía el buen ánimo. Tenían que darle cuatro dosis de quimio en intervalos de tres semanas, además de inmunoterapia. Confiaban en que así se reduciría el tumor. Después de eso, cuatro o seis semanas para recuperarse de los efectos debilitadores de la quimioterapia, y después, confiaba él, al quirófano. La operación requiriría extirpar dos de los tres lóbulos de uno de los pulmones. Le recordé que el dramaturgo y más tarde presidente checo Václav Havel, también fumador empedernido, acabó con la mitad de un pulmón tras ser intervenido, pero que se las apañó bastante bien así. Paul se echó a reír y dijo que esperaba salir mejor parado. Fue estupendo verle y oírle reír. Me alegró que se mostrara optimista. Pero el cáncer es muy traicionero. Solo puedes cruzar los dedos y esperar que la suerte te acompañe.

La gran noticia —para mí, al menos— fue que, después de medio año en la nada, la savia de la escritura volvía a fluir. En su momento no lo relacioné, pero, mirándolo en retrospectiva, creo que mi cautelosa reentrada en la vida normal probablemente ayudó. Redacté el proyecto para el libro que ahora tienes en tus manos, y a mis editores les gustó. Volvía a ser un autor con un libro que escribir.

Para ser sincero, este era y es un libro que yo hubiera preferido con mucho no tener la necesidad de escribir. Había y sigue habiendo en mi cabeza otro libro, que en su momento pensé que seguiría a *Ciudad Victoria*, una novela sobre un misterioso y enigmático colegio universitario, y como preparativo para ello había estado leyendo *La montaña mágica*, de Thomas Mann, y *El castillo*, de Franz Kafka, magníficos ejemplos ambos en lo que respecta a misteriosos y enigmáticos microcosmos, del tipo que yo quería crear con mi colegio universitario. Intenté evitar por todos los medios el cliché del elefante en la cacharrería, pero lo cierto es que en mi estudio había un maldito mastodonte que no paraba de barritar y de menear la trompa, y encima olía bastante mal. En mi *Quijote* había escrito sobre cómicos y absurdos mastodontes, sobre gente de Nueva Jersey que se convertía en mastodonte, de hecho, y hete aquí que ahora tenía una bestia en casa, relacionada también con Nueva Jersey, una bestia empeñada en que se la tuviera en cuenta.

Este libro responde a dicha insistencia. Me digo a mí mismo que es mi manera de apropiarme de ello, de convertirlo en mi *trabajo*. Y eso es algo que sí se hacer. Lidiar con un ataque de esa magnitud no es algo que yo sepa hacer. Transformar aquello en esto hace que se convierta en una cosa que sí puedo manejar. En teoría, al menos. Un libro sobre un intento de asesinato podría ser la manera de que el cuasi-asesinado se enfrente a lo ocurrido.

Siempre es difícil escribir sobre el trastorno de estrés postraumático, porque, bueno, hay un trauma de por medio y un montón de estrés y el subsiguiente trastorno en el yo. Es más difícil aún cuando dos personas –en este caso, tú y tu querida esposa– lo experimentan al mismo tiempo pero de diferentes maneras. Y es francamente difícil hacerlo con un solo ojo y una mano y media, porque el hecho físico de escribir, la incomodidad del mismo, te recuerda la causa de tu dolor cada vez que pulsas el teclado. Sientes la mano como dentro de un guante, cuando la mueves parece que crujiera. Y el ojo, bueno, es una ausencia con una presencia inmensamente poderosa.

Mi manera de lidiar con el trastorno fue afirmar, las más de las veces, que yo estaba bien. Le dije a mi terapeuta: «No sé qué se gana con quejarse». Él se echó a reír. «¿No se da cuenta de que si está usted aquí es precisamente para quejarse?». A partir de ese momento intenté sacarlo todo, pero no fue fácil. Va contra mi carácter. Eliza es diferente. Yo era muy consciente de lo afectada que estaba, de hasta qué punto lo ocurrido la había sacado de su lugar feliz, y de cómo se esforzaba por seguir funcionando, por ser cariñosa, por estar allí para mí. Lo único que podíamos hacer el uno por el otro era darnos un entorno de respaldo mutuo y apretar los dientes hasta que pasara la tormenta.

Hubo momentos en que la presión fue demasiado grande. «Necesito irme –dijo Eliza–. Necesito tener tiempo para mí sola, para pensar y cuidar de mí misma y curarme». Le dije que de acuerdo. Llamé al gerente de un centro turístico caribeño donde habíamos pasado unos días juntos en tiempos más felices. «Naturalmente –dijo el hombre–. Cuidaremos de ella lo mejor posible». Fue duro verla marchar, pero era evidente que lo necesitaba. Y sus múltiples llamadas diarias por

FaceTime me dejaron claro que su cara empezaba a ser la de antes, que la tensión iba desapareciendo poco a poco. La magia del Caribe estaba funcionando.

Lógicamente, sería demasiado simple afirmar que un cambio de escenario lo arregló todo, pero sí le proporcionó una inyección de optimismo que ella necesitaba mucho. En cuanto a mí, hubo días, sobre todo cuando estaba solo, en que me costaba levantarme de la cama pero no así caer en pensamientos negativos: «¿Es el fin?, ¿estoy acabado?; el cuchillo ha conseguido cambiarme para siempre, si es que no me está matando poco a poco, aunque pueda parecer que he conseguido recuperarme; quizá llevo el cuchillo metido dentro y se va moviendo hacia mi corazón...». Pero conseguí quitarme esos pensamientos de la cabeza. Y empecé a pensar en hacer un viaje yo también.

Antes del atentado, solía ir a Londres muchas veces al año para estar con la familia y con mis viejos amigos, así como por asuntos profesionales. Ahora no tenía nada claro que eso pudiera funcionar. Mi familia estaba preocupada por mi seguridad. Yo entendía que todos quisieran tener ciertas garantías, de modo que hice algo que no había hecho en mucho tiempo. Envié un email a mi contacto en la Rama Especial de Scotland Yard.

En los viejos tiempos, la Rama Especial era la división de paisano de la Policía Metropolitana y brindaba protección a políticos y otros individuos que supuestamente corrían grave riesgo. Era una unidad independiente de la brigada que se ocupaba exclusivamente de la familia real. Entre ambas brigadas había existido siempre cierta punzante rivalidad (de buen rollo, o casi). Pero ahora ambas formaban parte de un único cuerpo, la RaSP, o Royal and Special Protection Unit. Desde hacía ya muchos años, su postura con respecto a mí era: Si viene usted por motivos privados, no hace falta que intervengamos. Si va a hacer algún acto público, entonces le acompañaremos. Así pues, cuando un libro mío estaba a punto de publicarse y yo me hallaba presente en algún acto promocional con público, en Londres como en otro sitio –en el Hay Festival, por ejemplo–, iba escoltado por agentes de la unidad de protección, que, de manera muy discreta, se ocupaban de todo. Pero, por lo demás, yo hacía mi vida.

Le escribí a mi contacto: «A la luz de lo que ha pasado, me pregunto cuál sería su postura si decidiera visitar Inglaterra». Me contestó rápido, interesándose por mi salud; transmitiéndome el horror manifestado por el personal de Scotland Yard ante lo ocurrido; y diciendo que la decisión estaba en manos del comité del Ministerio del Interior que determinaba quién debía recibir protección y a qué nivel. El RaSP presentaría el caso ante el comité lo antes posible.

Fue gratificante recibir una pronta respuesta. El comité no había tardado mucho en deliberar, me dijeron, y la decisión unánime fue que yo debería contar una vez más con protección armada las veinticuatro horas mientras permaneciera en Reino Unido. Un equipo nos recibiría a Eliza y a mí al bajar del avión y estaría con nosotros hasta que volviéramos a embarcar para el viaje de vuelta. Mi familia estuvo encantada de saberlo, y yo me sentí muy agradecido a las autoridades británicas. Pero aquello era también volver a un pasado que había quedado atrás hacía más de veinte años, cuando la valoración del «nivel de amenaza» había bajado hasta el punto de que se decidió que ya no necesitaba protección. Yo no podía hacer otra cosa que estar agradecido. Y lo estaba.

«Para su tranquilidad –me dijeron–, no tenemos noticia de ninguna amenaza contra su persona aquí en el Reino Unido. El problema es que siempre puede haber un loco suelto, y no es sencillo tener a todos esos individuos en nuestro radar». Una afirmación que era a la vez tranquilizadora y lo contrario.

Me preocupaban otras cosas. En los malos tiempos, varias líneas aéreas tenían miedo de contarme entre sus pasajeros. Encontrar alojamiento también podía ser un lío. Si alguna de esas cosas antipáticas de antaño volvía a la palestra, viajar me iba a resultar difícil. Pero algo había cambiado. Ninguna compañía aérea puso problemas, los hoteles se mostraron dispuestos a alojarnos, el país nos abría los brazos. Yo ya no era una persona a la que temer. En términos generales, el cariño había sustituido al miedo. Eso significó mucho para nosotros.

Aterrizamos en Londres la mañana del jueves 23 de marzo de 2023 y fuimos recibidos por un risueño Barry, el jefe de nuestro equipo de protección. Mi reacción instantánea fue de familiaridad y alivio. Yo sabía de qué iba la cosa. También mis amigos y mi familia se acordaban, y se alegraron de que no corriera peligro. No fue tan sencillo para Eliza. Ella no guardaba ningún recuerdo de aquellos tiempos malos y, lógicamente, se sintió incómoda rodeada de agentes armados y que la llevaran hasta un coche blindado y le dijeran: «No abra la puerta, es muy pesada, ya se la abrimos nosotros». Y las ventanillas eran fijas porque estaban hechas de material a prueba de balas y tenían un grosor de casi tres centímetros.

Yo hice un intento de trivializar la situación.

—Podríamos imaginar que somos muy ricos y tenemos chófer personal —dije.

—No —contestó ella—. No es esa la impresión que da.

—O podríamos pensar en todo el dinero que nos ahorramos en Ubers —dije.

Me lanzó una mirada. Yo conocía su significado. Era una manera de decir «Basta de tonterías». No insistí más. Pero, conforme pasaban los días, Eliza se fue habituando un poco.

Esta vez era diferente. En los viejos tiempos malos querían que yo fuera «invisible», no les gustaba la idea de que entrara en lugares públicos (un restaurante, por ejemplo), y si iba a casa de algún familiar o algún amigo, uno o dos agentes entraban conmigo en la casa. Había además una constante corriente subterránea de desaprobación, no por parte de los equipos de protección sino de sus jefes: la creencia, más propia de la prensa sensacionalista, de que yo era la causa de mis problemas y que, encima, les estaba costando demasiado dinero. Esta vez el enfoque fue mucho más amistoso. Podía ir adonde quería, ellos se ocupaban de lo demás. Y en casa de tal o cual persona, se quedaban fuera esperando. Eso me hacía sentir, más que protegido, apreciado.

Aquellos diez días en Londres fueron emotivos para todos. Milan vino a verme y dijo: «Te veo mucho mejor que la última vez». Sí, protesté yo, pero eso fue hace cinco meses y me has estado viendo a menudo en FaceTime. «No es lo mismo», dijo él. Sameen fue de la misma opinión. Hacía siete meses que no estábamos juntos, y yo entonces estaba en mi peor momento, allá en la sala de trauma. Verme en persona, una vez más, era mucho más «real» que unas imágenes digitales. Y luego tuve la alegría de ver a mi nietecita Rose, así como a varios viejos amigos. Cosas sencillas pero de enorme importancia. Por si fuera poco, me agradó ver *Ciudad Victoria* en lugar destacado de librerías y demás, y oír comentarios elogiosos de amigos nuestros acerca del libro.

Eliza recibió una copia de las galeradas de su novela. En la última página de los agradecimientos encontré estas palabras:

> Salman, hagamos que nuestro amor muestre a este mundo imposible que no hay nada imposible. Te quiero con todo mi corazón y con todas las historias que han vivido en mi interior y todas las que vendrán. Salman: mi alegría, mi hogar, mi sueño y mi milagro. Tuya siempre.

Era la más hermosa declaración de amor que había leído jamás.

Para cuando regresamos a Nueva York, yo ya tenía bastante claro en qué debía concentrarse la segunda oportunidad que me brindaba la vida: en el amor y en el trabajo.

Tras un prolongado silencio, había reactivado mi cuenta de Twitter para echar una mano en el lanzamiento de *Ciudad Victoria*, retuiteando reseñas y todo eso. Pero Twitter es un pozo envenenado, y si metes un cubo ahí dentro es seguro que saldrá bastante lleno de inmundicia. Cuando leí la opinión de un profesor de Oxford diciendo que quienes me defendían tenían una «idea neoliberal de la libre expresión», simplemente me encogí de hombros y a otra cosa. Pero hubo también varias voces musulmanas que celebraban lo que me había pasado el 12 de agosto, que expresaban su esperanza de que perdiera el otro ojo, comparándome, en mi estado monocular, con la figura del Dajjal, el «falso Mesías» tuerto de la demonología islámica, quien finge ser un profeta para afirmar después que es el mismo Dios. Yo, me informaban esos tuits, me había «puesto en evidencia» como el Dajjal que en realidad era. Encima, tenía un aspecto deforme, repelente, como un monstruo, etcétera. Era innecesario permitir que mi cabeza alojara toda esta basura. No tenía nada que ver ni con amor ni con trabajo. Sin darle más vueltas, y sin lamentarlo en lo más mínimo, borré de mi teléfono la aplicación Twitter.

Me puse a pensar en el conflicto de narrativas que había dominado mi vida pública durante tanto tiempo —en una era un hombre respetado, en otra era aborrecido— y empecé a ver ese conflicto como parte de una batalla más amplia que a todos nos atormenta. El 13 de mayo de 2022, PEN America había convocado un encuentro internacional de escritores en las Naciones Unidas para hablar de posibles respuestas a un mundo en crisis por parte de los escritores. «En crisis» quería decir la guerra en Ucrania, pero también más cosas. Me pidieron que dirigiera brevemente la palabra a los allí reunidos. Esto es lo que dije entonces:

> Estamos enfrascados en una guerra mundial de relatos en conflicto, una guerra entre versiones incompatibles de la realidad, y es preciso aprender a librar dicha guerra.
> Un tirano manda en Rusia y la brutalidad rodea a Ucrania, cuya población, dirigida por un comediante transformado en héroe, ofrece una resistencia heroica y está forjando ya una leyenda de libertad. El tirano crea falsas narrativas para justificar su ataque: que los ucranianos son unos nazis, que Rusia está

amenazada por conspiraciones occidentales. Intenta lavarles el cerebro a sus ciudadanos a base de embustes de este tipo.

Paralelamente, Estados Unidos parece volver a la Edad Media; el supremacismo blanco se ceba no solo en los negros sino también en las mujeres. Para justificarlo, echa mano de falsas narrativas basadas en una religiosidad anticuada y en ideas fanáticas de hace cientos de años, y surgen creyentes y audiencias afines.

En la India, el sectarismo religioso y el autoritarismo político van de la mano, y la violencia no deja de aumentar mientras la democracia decae. Una vez más, están en juego falsas narrativas sobre la historia del país, narrativas que privilegian a la mayoría y oprimen a las minorías; y que quede claro que estas narrativas son populares, tal como muchos se creen las mentiras del tirano ruso.

Esta es la fea cotidianidad del mundo en que vivimos ahora. ¿Cómo deberíamos responder nosotros? Se ha dicho, y yo mismo lo dije, que los poderosos poseen el presente, pero que los escritores poseen el futuro, pues gracias a nuestra obra —o, al menos, a lo mejor de la misma, la que perdura en dicho futuro— las fechorías de los poderosos serán juzgadas. Ahora bien, ¿cómo podemos pensar en el futuro cuando el presente nos reclama a gritos?, ¿y qué podemos hacer nosotros, si decidimos dar la espalda a la posteridad y prestar atención a este terrible momento, que sea realmente útil y eficaz? Un poema no puede parar una bala. Una novela no puede desarticular una bomba. No todos nuestros comediantes son héroes.

Pero no estamos indefensos. Incluso después de ser hecho pedazos, Orfeo —mejor dicho, su cabeza cercenada— siguió cantando mientras flotaba río Evros abajo, recordándonos que la canción es más fuerte que la muerte. Nosotros podemos cantar la verdad y nombrar a los mentirosos, podemos solidarizarnos con nuestros colegas en primera línea del frente y amplificar sus voces añadiendo las nuestras a las suyas.

Pero, sobre todo, debemos entender que en el centro de todo lo que está pasando hay unas historias, y que las fraudulentas narrativas de los opresores han cautivado a mucha gente.

Debemos trabajar, pues, para superar las falsas narrativas de tiranos, populistas y locos contando mejores historias, historias en el seno de las cuales la gente desee vivir.

Las fuerzas no se baten solamente en el campo de batalla. Las historias en las que vivimos también son territorios en disputa. Quizá deberíamos emular al Dedalus de Joyce, que buscaba forjar, en la fragua de su alma, la increada conciencia de su raza. O emular a Orfeo y seguir cantando pese al horror reinante, y no dejar de hacerlo hasta que cambie la marea y dé comienzo un día mejor.

Releyendo este texto casi once meses después, once meses durante los cuales mi propia vida se había visto transformada por la violencia que desató una falsa narrativa, entendí que mi segunda oportunidad no podía contentarse únicamente con placeres privados. Amor por encima de todo, y trabajo, por supuesto, pero había una guerra que librar en muchos frentes: contra el revisionismo fanático que perseguía reescribir la historia, ya fuera en Nueva Delhi o en Florida; contra las cínicas potencias que perseguían borrar los dos pecados capitales de Estados Unidos, la esclavitud y la opresión y genocidio de los habitantes originales del continente; contra fantasías de un pasado idealizado (¿cuándo exactamente fue «grande» América en el sentido que los trumpistas pretendían recrear?); contra las contraproducentes mentiras que habían sacado a Gran Bretaña de Europa. Yo no podía quedarme sentado habiendo todas estas batallas. También en esta lucha debía —iba a— involucrarme.

Pero si en una discusión no deseaba ahondar más era en aquella que había atormentado mi vida. La discusión acerca de Dios.

Quiero expresar aquí, por última vez, mi visión de lo religioso —sea cual sea la religión—, y con esto, por lo que a mí respecta, se habrá terminado el asunto. Yo no creo en la «evidencia de las cosas no vistas». No soy religioso. Vengo de una familia de personas en su mayoría no religiosas. (Mi hermana pequeña, Nabeelah, que murió prematuramente, fue la excepción. Era muy devota). Nunca he sentido la necesidad de que la fe religiosa me ayude a comprender el mundo. No obstante, entiendo que la religión proporcione a muchas personas un anclaje moral y que les parezca esencial. Y, a mi modo de ver, la fe de cada individuo no le incumbe a nadie más que a la persona en concreto. No tengo problemas con la religión si esta ocupa un espacio privado y no intenta imponer a otros sus valores. Pero cuando la religión se politiza, por no decir que se arma, entonces eso incumbe a todo el mundo debido a su capacidad de hacer daño.

Siempre recuerdo que, en la época de la Ilustración, el enemigo en la batalla por la libertad no era tanto el Estado cuanto la Iglesia. La Iglesia católica, con su arsenal de armas —blasfemia, anatema, excomunión, así como armas propiamente dichas de tortura en manos de la Inquisición—, se había embarcado en imponer sus rígidos límites al pensamiento. Hasta aquí y basta. Y los escritores y filósofos de la Ilustración tomaron la iniciativa de desafiar esa autoridad y quebrantar las restricciones. De esa lucha surgieron las ideas que Thomas Paine llevó a Norteamérica y que serían la base de los ensayos *El sentido común* y *The American Crisis,* que inspiraron el movimiento en favor de la independencia, los Padres Fundadores y el moderno concepto de los derechos humanos.

En la India, tras el baño de sangre de las matanzas por la Partición que se extendieron por todo el subcontinente en tiempos de la independencia del Imperio británico y de la creación de los estados de India y Paquistán —hindúes masacrados por musulmanes, musulmanes por hindúes, un total de entre uno y dos millones de muertos—, otro grupo de padres fundadores, liderado por Mahatma Gandhi y Jawaharlal Nehru, resolvió que el único modo de garantizar la paz en el país era apartar la religión de la esfera pública. En consecuencia, la nueva Constitución fue laica tanto en lenguaje como en intención, y así ha permanecido hasta el presente, en que la actual administración pretende socavar esos cimientos laicos, desacreditar a Gandhi y Nehru y crear un estado mayoritariamente hindú y abrumadoramente religioso.

Cuando los creyentes creen que lo que creen debe ser impuesto a los no creyentes, o cuando creen que a los no creyentes debería prohibírseles expresar saludable y humorísticamente su descreimiento, entonces hay un problema. La armamentización del cristianismo en Estados Unidos ha dado como resultado la revocación del caso «Roe contra Wade» y la subsiguiente batalla sobre el aborto y el derecho de la mujer a elegir. Como he dicho más arriba, la armamentización de un tipo de hinduismo radical por parte de la actual cúpula del poder en la India ha generado muchos problemas de sectarismo, e incluso de violencia. Y la armamentización del islam en todo el mundo ha conducido directamente a los reinos del terror de talibanes y ayatolás, a la opresiva sociedad de Arabia Saudí, al atentado con cuchillo contra Naguib Mahfuz, a los ataques contra la libertad de pensamiento y a la represión de la mujer en muchos estados islámicos y, por entrar en lo personal, al atentado contra mí.

Muchas personas, tanto progresistas como conservadoras, se ven en un apuro cuando se les pide que critiquen la religión. Pero si pudiéramos establecer la distinción entre la fe religiosa privada y la ideología política y pública sería mucho más fácil ver las cosas como son y hablar abiertamente sin preocuparnos de herir sensibilidades. Que cada cual, en su casa, crea lo que le parezca. Pero en el agresivo mundo de la política y de la vida pública, ninguna idea está salvaguardada y libre de crítica.

Todas las religiones se ocupan de historias sobre el origen, relatos de la creación del mundo por uno o muchos seres sobrenaturales. Esta es mi historia del origen en cuanto a las religiones propiamente dichas. Imagino que hace tiempo, antes de que nuestros antepasados tuvieran la menor comprensión científica del universo, cuando se creía que vivíamos bajo una especie de cúpula provista de agujeros para que pudiera pasar la luz del cielo (y otras historias parecidas), buscaron respuestas fabulosas a las grandes preguntas existenciales —¿cómo hemos llegado aquí?; y este «aquí», ¿cómo llegó aquí?— y ello dio pie al concepto de uno o varios dioses celestiales, a un Creador o un panteón de seres por el estilo. Luego, a medida que esos antepasados buscaban codificar ideas del bien y el mal, de conducta correcta e incorrecta, al plantearse la otra gran pregunta «Ahora que estamos aquí, ¿cómo deberíamos vivir?», los dioses celestiales, los dioses del Valhalla, los dioses del Kailash empezaron a mostrarse también como árbitros morales (si bien, en las religiones panteístas, entre el enorme despliegue de divinidades había muchas que no se comportaban especialmente bien, que no podían postularse como ejemplos de moral). Hace mucho tiempo que imagino este hipotético pasado como algo parecido a la infancia de la raza humana, cuando esos parientes lejanos nuestros necesitaron dioses del mismo modo que los niños necesitan padres, para que les expliquen el porqué de su existencia y les den reglas y límites. Pero llega un momento en que debemos hacernos adultos (o deberíamos, porque para mucha gente ese momento no ha llegado todavía). Si se me permite citar a san Pablo en 1 Corintios 13,11: «Cuando yo era niño, hablaba como un niño, entendía como un niño, pensaba como un niño; pero cuando me convertí en hombre, dejé de lado todo lo infantil». Ya no necesitamos la figura de uno o más padres autoritarios, un Creador de Creadores que nos explique el universo o la manera como hemos evolucionado para ser lo que somos. Y ya no necesitamos —o quizá debería decir, modestamente, yo no necesito— mandamientos ni papas ni hombres-dioses de ninguna clase que nos dicten pautas morales. Yo ya tengo mi propio sentido ético, muchas gracias. Dios no nos legó la moralidad. Fuimos nosotros quienes creamos a Dios para que encarnara nuestros instintos morales.

Una cosa más, que no he dicho hasta ahora. Aunque siempre me han influido el pensamiento y el arte musulmanes (por ejemplo, las imágenes del Hamzanama, de la época del emperador mogol Akbar; el *Mantiq al-Tayr* [*La asamblea de los pájaros*], el poema místico-épico de Farid al Din Attar que viene a ser como un *Progreso del peregrino* islámico; y la filosofía liberal del pensador aristotélico hispano-árabe Averroes o Ibn Rushd, en honor al cual mi padre apellidó a nuestra familia), me he dado cuenta de que en cierto modo el mundo cristiano me ha influido más de lo que yo pensaba. Para empezar, adoro la música. Muchos de los himnos los tengo grabados para siempre en mi cabeza, y todavía hoy puedo cantar «Adeste, fideles» en latín. Recuerdo con placer la vez en que todo mi internado, Rugby, tomó parte en una versión del *Mesías* de Handel en la capilla de estilo neogótico y ladrillo rojo diseñada por William Butterfield, y yo canté con vigor en el «Coro del Aleluya». Jamás olvidaré las bellas voces del coro del King's College cantando en la capilla de Cambridge, que siempre he considerado el edificio más hermoso de Inglaterra, sus melodías flotando cual fantasmas por los brumosos jardines y patios de mi hogar universitario. Y no solo he citado al Pablo de su primera carta a los corintios, porque ahora caigo en que lo he hecho también, sin mencionar la fuente, al principio de este libro, cuando hablaba de ver como a través de un espejo opaco (la cita, de hecho, es de 1 Corintios 13,12). En realidad, el lenguaje de la Biblia del rey Jacobo, «versión autorizada», se me escapa sin yo quererlo. Desde que leí *Júbilo matinal*, la obra maestra cómica de P. G. Wodehouse con Jeeves y Bertie, estoy encariñado con el Salmo 30 («el llanto puede durar toda una noche, pero con la mañana llega la alegría»). ¿Y qué decir de Leonardo da Vinci y Miguel Ángel y todos los demás? Hace un par de años Eliza y yo estuvimos en la Capilla Sixtina. Mirando al techo, oímos a los guardias decir muy serios: «Silenzio, no foto». Mi yo ateo y rebelde, abrumado ante tanta belleza, se las apañó para hacer bastantes fotos.

En resumidas cuentas: sí, el arte cristiano, la arquitectura, la música, incluso el Antiguo Testamento, son cosas que llevo muy adentro, lo mismo que sus contrapartidas musulmana e hindú. (*Ciudad Victoria* está muy influenciada por narraciones hindúes, como lo estuvo hace tantos años *Hijos de la medianoche*). Pero nada de eso me ha convertido en creyente. Mi ateísmo permanece intacto. Y en esta segunda oportunidad de vida eso no va a cambiar.

El 7 de enero de 1938, en París, cuando casi todas sus obras mayores, con la salvedad de *Belacqua en Dublín*, estaban aún por escribir, y cuando se hallaba trabajando en su novela *Murphy*, Samuel Beckett iba andando por la Avenue de la Porte d'Orleans camino de su casa tras salir del cine cuando un proxeneta de nombre Prudent le exigió dinero. Beckett apartó a Prudent de un empujón, tras lo cual el proxeneta sacó un cuchillo y apuñaló al escritor en el pecho, muy cerca del corazón y del pulmón derecho. Beckett fue trasladado al hospital más cercano, l'Hôpital Broussais, sangrando profusamente, y a punto estuvo de morir; James Joyce corrió con los gastos de una habitación individual para él.

Mientras leía esto —otro grande de la literatura, otro ataque con cuchillo—, empecé a regañarme a mí mismo. Pero ¿esto qué era, una especie de club? ¿Por qué intentaba rodearme de las sombras de tales gigantes heridos? Era una estupidez. Tenía que parar.

Luego leí que, una vez dado de alta del hospital, Beckett se personó en el juicio contra el proxeneta, se topó con Prudent en la sala y le preguntó por qué había hecho aquello. He aquí la respuesta del agresor: «Je ne sai pas, monsieur, je m'excuse». No lo sé, señor. Le pido disculpas. Era cualquier cosa menos una respuesta, pero al leerlo me entraron ganas de verme cara a cara con mi agresor, como hizo Beckett, y hablar directamente con él.

Que yo supiera, el individuo seguía declarándose no culpable. Si eso no cambiaba, habría un juicio en toda regla, y mi abogado, Nic, me dijo que probablemente tendría que comparecer en el juzgado y prestar allí declaración.

—¿Es imprescindible que vaya en persona? —le pregunté—. ¿No se puede hacer a distancia?

—Si yo fuera el fiscal —dijo Nic—, querría que estuvieras presente. Tener allí a la víctima de la agresión sería una buena cosa.

«Bueno —pensé—. Estoy dispuesto a ir».

Nic dijo que telefonearía a la oficina del fiscal general para ver cómo estaban avanzando en los cargos por intento de asesinato y agresión con agravantes, y también al FBI, para saber cómo estaba la iniciativa de tratarlo como un caso de terrorismo. Y yo pensé, vale, si Samuel Beckett fue capaz de enfrentarse al proxeneta que lo agredió, por qué no iba a hacerlo yo también.

Yo había accedido a conceder una sola entrevista por cada traducción importante de *Ciudad Victoria*. Fueron entrevistas vía Zoom con Eduardo Lago para *El País*, Maurizio Molinari para *La Repubblica*, Adam Soboczynski para *Die Zeit*. Pero luego *Die Zeit* tuvo la idea de invitar a Eliza a hacerme un retrato, que ellos publicarían con la entrevista. A ella le pareció muy bien. Y un domingo de principios de abril, el primer día realmente soleado de la primavera, fuimos a Central Park, cerca del embalse, donde todos los cerezos estaban en flor. Había gente corriendo, caminando, músicos, gente descansando en los parterres o paseando en bote de remos; la ciudad disfrutaba del hermoso día al aire libre.

Una cámara llama la atención, la gente quiere saber a qué está enfocando, de modo que aquella tarde muchas personas me reconocieron. Estuvo bien sentirme apoyado, festejado incluso. A los neoyorquinos se les da bien no entrometerse demasiado. Saludan pero van a lo suyo, sonríen de buena gana y continúan con sus asuntos, hacen el gesto de levantar los dos pulgares, te mandan palabras de ánimo. No se detienen. No te molestan. Van a su aire. Me encantó estar allí, en el parque, con mis conciudadanos, celebrando todos nosotros la vida, cada cual a su manera. Eliza me fotografió rodeado de capullos en flor. La foto fue un gran éxito, primero en *Die*

Zeit y después —porque otras publicaciones la recogieron— en otros muchos países de Europa. Fue una foto muy emotiva. Había amor a ambos lados de la cámara. Una fotografía de amor.

Y llegó nuestro aniversario, el de aquel día de mayo, seis años atrás, cuando me topé con la puerta corredera. Mayday, m'aidez, ayúdame, la señal internacional de socorro. Eliza había venido a rescatarme en aquella azotea donde nos conocimos. Y luego se quedó, y cambió mi vida para mejor. Y ahora estaba en proceso de rescatarme de nuevo. Fuimos a uno de nuestros locales favoritos, un francés de Tribeca, y brindamos.

Nic, el abogado (joven, dinámico, inteligente, muy bueno en su trabajo), pensaba ahora que probablemente el A. se declararía «culpable» para buscar algún tipo de acuerdo conciliatorio.

«La realidad te pone en tu sitio», pensé yo. Puede que el hombre entienda por fin que había más de mil testigos del crimen.

—Pero hay una cosa rara —dijo Nic—. Normalmente, cuando se incoa un caso federal, el caso estatal queda relegado. Pero aquí parece que hay dos casos avanzando en paralelo, el estatal y también un nuevo caso federal.

—¿Y él podría acceder a declararse culpable de ambos cargos?

—Estoy seguro de que a sus abogados les interesaría un acuerdo global. Los dos casos a la vez. Necesito clarificar algunas cosas. Pero, bueno, conocemos los cargos del caso estatal, tentativa de asesinato y agresión con agravantes. Yo diría que en el caso federal los cargos serán terrorismo: dar apoyo material a un grupo terrorista conocido, o algo por el estilo. Él se declararía culpable de todo, sería sentenciado en ambos tribunales y cumpliría las dos condenas, una detrás de otra.

—¿Y cuán largas serían esas condenas?

—No puedo darte una respuesta clara, pero yo diría que, si ocurriera esto, le caerían en total algo así como treinta o cuarenta años.

Yo pensé: «Dentro de cuarenta años yo tendré ciento dieciséis, o sea que supongo que está bien».

—¿Y la condicional? —pregunté—. ¿Y si hay reducción de condena por buen comportamiento...? El tipo es muy joven. No quiero que vaya buscándome por ahí cuando tenga cuarenta y tantos.

Nic dijo:

—En el caso de una sentencia federal, no hay libertad condicional posible. Tiene que cumplir toda la condena. Como mucho, podría conseguir una reducción de entre el quince y el veinte por ciento por buena conducta. O sea que, si lo condenan a veinte años, diecisiete no se los quita nadie. Y si le caen otros veinte en el tribunal del estado, entonces serían probablemente otros diecisiete. No puedo decirlo con exactitud, porque en un caso como en otro el juez tiene cierto margen de maniobra en cuanto a la condena.

—Ya veo. Es difícil sentirse satisfecho cuando todo es tan vago, y ni siquiera sabemos si él va a cambiar la declaración. Lo que sí quiero decir es que no he oído ni una sola palabra de arrepentimiento o de remordimiento por parte de él, o por mediación de su abogado, en estos ocho meses. A mi modo de ver, eso lo define como un hombre peligroso.

—Sin duda.

—¿Qué pasa si hay un acuerdo conciliatorio y a mí no me gusta el resultado?

—Bueno, tú no tienes derecho a veto. Como víctima, te asiste el derecho a saber qué es lo que se está hablando y a qué acuerdo se ha llegado o se llegará, y por supuesto tienes el derecho a expresar tu opinión al respecto con toda la claridad del mundo.

—Eso nos daría ventaja, ¿no?

—Cierta ventaja, tal vez.

—¿Y todo esto cuándo va a pasar, y dónde?

—El juicio por el caso estatal se vería en el tribunal del condado de Chautauqua. El federal sería en Buffalo.

—¿Serían más o menos simultáneos?

—No. Habría un lapso de tiempo entre ambos, y en cada uno de ellos habría también un lapso entre la declaración de culpabilidad y el fallo del tribunal.

—¿De cuánto tiempo?

—En total podrían ser muchos meses. Es probable que la cosa no termine antes de mediados del año próximo.

—Madre mía, qué lento.

Cuando colgué el teléfono, pensé: «Mi momento Samuel Beckett podría hacerse realidad. Ese día podría no estar muy lejos».

La Gala del PEN 2023, en la que iban a darme el Centenary Courage Award, fue especialmente significativa para mí. Mi asociación con PEN America venía de lejos y había sido intensa. Fui presidente y cofundador del Festival Internacional Voces del Mundo, y llevábamos décadas batallando por buenos motivos. Desafortunadamente, la lucha no siempre era tan buena y se reducía a una bronca. No podía olvidar que, ocho años atrás, en abril de 2015, cuando ese mismo premio Courage fue otorgado a título póstumo a los dibujantes asesinados de la revista satírica francesa *Charlie Hebdo*, un alarmante número de autores destacados se opuso porque la revista en cuestión había ridiculizado ocasionalmente al islam. Se había metido con la Iglesia católica y con Israel bastante más veces, además de satirizar encarnizadamente al gobierno francés, pero estas eminencias literarias la tenían catalogada como islamofóbica y controlada por el Estado, pese a que algunos de dichos escritores reconocieron no haber visto nunca un ejemplar de *Charlie* y, por añadidura, no saben leer francés. Fue una amarga reyerta. Más de una amistad se fue al garete, y eso me salpicó a mí también, porque yo pensaba —y sigo pensando— que no apoyar a colegas de oficio que habían sido masacrados por terroristas islámicos a causa de unos dibujos era una postura éticamente confusa. No pude evitar preguntarme qué opinaría la camarilla anti-*Charlie* de que ahora se me otorgara ese premio a mí. Quizá tampoco estaban a favor de que me lo concedieran, no lo sé. Hace varios años que ninguno de ellos se pone en contacto conmigo. Hasta donde me alcanza, ni uno solo ha hecho el menor comentario sobre el atentado de que fui objeto ni sobre el premio en sí.

Todo ello añadió cierto interés al acto del PEN, pero no es eso lo que más centraba mi atención. Fue una velada alegre porque por fin tenía la sensación de reincorporarme al mundo de los escritores y de encontrarme una vez más entre lo que, apurando un poco, podía denominar «mi gente». Fui inmensamente feliz de estar allí, en el Museo de Historia Natural, debajo de la ballena, entre amigos. Era un gran paso más en mi regreso al mundo, el más importante hasta la fecha.

En mi discurso rendí tributo a todas las personas que habían acudido en mi rescate allá en Chautauqua. «Ese día yo fui el blanco, pero ellos fueron los héroes». Hablé de lo importante que era el PEN «en un momento en que tanto los libros como las bibliotecas, además de los autores, sufren asedio». Y puse fin a mis comentarios echando mano, en cierto modo para mi propia sorpresa, de una vieja máxima marxista: «El terror no debe atemorizarnos. La violencia no debe desalentarnos. *La lutte continue*».

(«No, Philip —le dije para mis adentros al gran Roth—. La lucha no ha terminado. No tires ese post-it»).

La Gala del PEN fue un momento de gran optimismo y la gente estaba muy animada, pero las noticias sobre nuestros amigos no eran nada consoladoras. Martin había sido incinerado en Florida, e Isabel no sabía qué iba a hacer a partir de ahora. Hanif había recuperado cierta movilidad en sus extremidades, pero no en las manos. Estaba desesperado por regresar a Inglaterra, pero en el centro de fisioterapia al que deseaba ir no había plazas libres. Paul no había superado una prueba de esfuerzo y por lo tanto no podía ser intervenido para extirparle la parte de pulmón infectada. Estar de buen humor se antojaba casi indecente.

Pocos días después me enteré de que el asunto del acuerdo conciliatorio relativo al A. volvía a ser una posibilidad. Y que esa hipotética condena a treinta o cuarenta años de cárcel no era un sueño. Pero no había nada seguro.

Lo único que podíamos hacer era esperar.

8

¿PASAR PÁGINA?

Esperé. La primavera dio paso al verano, y en ese verano de 2023 fue como si la Tierra misma estuviera en llamas. Incendios en Canadá tiñeron de naranja el cielo neoyorquino, convirtiendo el aire en algo peligroso. Se batieron récords de temperatura en Las Vegas, y el calor achicharrante del valle de la Muerte se cobró vidas humanas. Me acordé de una película de ciencia ficción de 1961, *El día en que la Tierra se incendió*, donde, por culpa de los actos de los seres humanos, la Tierra se salía de su órbita e iba derecha hacia el sol. Una vieja película de serie B convertida en un titular de ahora mismo. «La Tierra hacia lo inexplorado», proclamaba la BBC, y hubo informaciones sobre peces que estaban cociéndose en el mar.

Esperar es pensar, y pensar a fondo es, en muchas ocasiones, cambiar de opinión. Mi ira menguó. Se me antojaba trivial, puesta al lado de la ira de este planeta. Se cumplía un año del atentado, y en este triste aniversario comprendí que habían ocurrido tres cosas que me habían ayudado en mi viaje hacia asimilar lo que pasó aquel día. La primera fue el devenir del tiempo. El tiempo quizá no lo curaba todo, pero amortiguaba el dolor, y las pesadillas desaparecieron. La segunda era la terapia. Las sesiones con mi terapeuta, el doctor Justin Richardson, me habían ayudado más de lo que soy capaz de expresar con palabras. Y la tercera fue la redacción de este libro. No es que estas cosas me hicieran «pasar página», sea esto lo que sea, o si algo así es posible siquiera, pero supusieron que el peso de aquellos hechos dejara de ser tan grande como antes. Como resultado de lo cual, ya no estaba seguro de querer, o de necesitar, encararme al A. en la sala del tribunal. El momento Samuel Beckett había dejado de ser esencial para mí.

En cualquier caso, la ley se movía a paso de tortuga. Pasaron varias semanas y yo aún no tenía noticias claras sobre cuándo iba a celebrarse el juicio, ni el estatal ni el federal. Por fin, me comunicaron que en agosto iba a haber una vista previa para determinar si la corte prohibía o no a la acusación utilizar en un juicio declaraciones concretas hechas por el acusado en el momento de ser arrestado por la policía. ¿Sería que el defensor del A., un abogado de oficio, quería eliminar la (muy autoincriminatoria) entrevista con el *New York Post*? Sin embargo, en la vista, el abogado decidió no llamar a ningún testigo ni presentar pruebas en favor de su cliente. El agente que arrestó al A., Zachary Colbin, sí testificó. Un periódico local informó de que el A. le dijo (a Colbin) que tenía una bolsa al lado del escenario. Colbin le preguntó si había alguna bomba dentro de la bolsa, a lo que (el A.) respondió que no: solo cuchillos. La bolsa fue localizada y registrada. Se confirmó que no encontraron más armas que unos cuchillos. Entonces ¿había llevado consigo una selección de armas blancas? ¡Qué cosa tan rara! Si ya era arriesgado entrar en un auditorio con una sola arma, más aún entrar con varias. ¿No le preocupó que pudieran registrar la bolsa? ¿Y cuántos cuchillos había? ¿Tenía previsto utilizar varios, o es que no acababa de decidirse por uno en concreto? ¿Fue algo que decidió sobre la marcha, o bien le daba igual y llegado el momento ya se vería? ¿Acaso pensó en repartirlos entre el público e invitarlos a la fiesta? Yo no sabía cómo responder a estas preguntas. Sea como fuere, no hubo resolución alguna en favor del acusado. Los letrados dijeron que todo apuntaba a que habría juicio, y que este podría tener lugar en una fecha indeterminada de 2024.

Yo le pregunté a Nic:

—¿Significa esto que después de todo no habrá acuerdo conciliatorio y que por tanto habrá un juicio a gran escala, en el cual voy a tener que testificar?

—Seguramente no —conjeturó Nic—. Lo más probable sigue siendo que el señor A. acepte la realidad de su situación y que se declare culpable en ambos tribunales, estatal y federal.

«Vale», pensé yo. Naturalmente que iría a testificar, si era necesario. Pero ahora me parecía un deber cívico, no un modo de satisfacer una necesidad.

¿Por qué había cambiado de parecer? ¿Por qué el «momento Samuel Beckett» me parecía ahora menos necesario que hacía unas semanas? A buen seguro, la idea de que yo, la víctima de un intento de asesinato, se encarara al hombre que quiso matarlo llevaba implícito un cierto drama cuando menos gratificante, ¿no? Seguro que se me ocurriría algo interesante que decirle al homicida frustrado, ¿no? La escena, de puro surrealista, ¿no era acaso atractiva para el autor de tantas escenas surrealistas? ¿No podría irme bien, personalmente?

La respuesta era muy sencilla. Cuantos más pasos daba hacia la vida «normal» o «real», menos me atraía este episodio «extraordinario» e «irreal». Lo que más me importaba en este momento era *continuar*, escribir el siguiente capítulo en el libro de mi vida. El atentado quedaba como un manchón de tinta roja en una página anterior. Era feo, pero no echaba a perder el libro. Uno podía dejar esa página atrás y seguir escribiendo.

Decidí que, si al final me veía obligado a testificar en persona ante el tribunal, lo que querría decir sería más o menos esto:

Henos aquí los dos: el hombre que no logró matar a un escritor desarmado de setenta y cinco años y el escritor —ahora de setenta y seis años— a quien no logró matar. Y, curiosamente, me doy cuenta de que tengo poco que decirte. Nuestras respectivas vidas se tocaron durante un instante para luego separarse.

La mía ha ido a mejor desde aquel día, mientras que la tuya ha entrado en barrena. Jugaste mal y perdiste. En esa partida fui yo el que tuvo suerte. Personas que creían conocerte bien te han descrito como alguien que jamás haría daño a nadie. Lo que pasa es que no te conocían tan bien como ellos pensaban. Estás aquí en tu condición de asesino en potencia, y encima incompetente. Engañaste a esas personas sobre tu verdadera personalidad, pero ya no volverás a engañar a nadie. Ahora estás desnudo frente al mundo.

En posible que, a lo largo de los decenios que vas a pasar entre rejas, aprendas introspección y acabes entendiendo que hiciste algo que estaba mal. Pero ¿sabes una cosa? Me da igual. Creo que, en el fondo, si he venido aquí es para esto: para decirte que ni me importas tú ni me importa la ideología que afirmas representar y que tan mal representas. Tengo mi vida, tengo mi trabajo, y hay personas que me quieren. Esas son las cosas que me importan.

Tu intromisión en mi vida fue violenta y dañina, pero he sabido encauzarla de nuevo, y es una vida repleta de amor. No sé cómo llenarás tus horas en prisión, pero no será con amor, de eso estoy seguro. Y si algún día vuelvo a pensar en ti, será con un desdeñoso encogimiento de hombros. No te perdono. Yo NO te perdono. Simplemente me traes sin cuidado. Y desde este momento, y hasta el fin de tus días, le traerás sin cuidado a todo el mundo. Me alegro de vivir mi vida, no la tuya. Y la mía seguirá adelante.

Pensé, inevitablemente, en el ojo que había perdido. Aunque empezaba a sentirme mucho más sereno, era un asunto que no tenía bien digerido. Cuando hablé con David Remnick para *The New Yorker*, le dije que este libro no lo escribiría en tercera persona, como hice en mi anterior obra autobiográfica, *Joseph Anton*, pues cuando alguien te hiere quince veces es una experiencia muy de primera persona.

Que me lo digan a mí. Otras historias de ojos me venían a la mente. Me acordé del terrorífico Sandman de E. T. A. Hoffmann (tan diferente del personaje Sueño, el Sandman de la historieta de Neil Gaiman), que arroja arena ardiente al rostro de las personas y luego les arranca los ojos, medio derretidos, de la cabeza. Leyendo a Hoffmann comprendí que yo no era el único para quien la ceguera era la peor cosa del mundo.

En *Ensayo sobre la ceguera*, la novela de José Saramago, una epidemia de invidencia golpea una ciudad anónima provocando el colapso del orden social, a lo que siguen violencia, hambruna, enfermedades y terror. Al leerla años atrás me había parecido extraordinaria, pero me decepcionó un poco el final, cuando la ceguera en masa termina de manera tan súbita e inexplicable como empezó y todo el mundo recupera la vista. Una reserva similar me produjo el final de otra celebrada novela sobre una infección en masa, *La peste* de Albert Camus, en la que la plaga desaparece también de la noche a la mañana. En mi nueva condición de tuerto, esos finales me parecían menos satisfactorios aún que antes. Los que estamos ciegos, o, en mi caso, medio ciegos, sabemos muy bien que la ceguera no desaparece sin más.

Y estaba Odín, que sacrificaba uno de sus ojos para recibir a cambio autorización para beber del pozo cuyas aguas le proporcionarían sabiduría divina y un entendimiento absoluto. Y luego estaba el cíclope Polifemo, al que Ulises deja ciego...

Releí todas estas historias con renovado interés, en busca, supongo, de algún consuelo. Apenas encontré ninguno. De sabiduría divina no tenía ni pizca, y por más que adorara Capri, la isla de los Cíclopes, no era fácil identificarse con un gigante tuerto devorador de hombres... aun teniendo en común la pérdida de un ojo.

Cuando sí hallé consuelo, e incluso inspiración, fue no en un mito ni en la ficción sino en una historia verídica sobre el *nabab* de Pataudi y el juego del críquet. Todos los buenos aficionados al críquet –o, al menos, los seguidores de mi país de origen– sabrán que Mansur Ali Khan, el *nabab* o gobernador del diminuto principado de Pataudi, conocido como «el Tigre», o, para algunos ingleses, como «el Novato», fue una de las grandes estrellas de ese deporte, un bateador de gran talento, capitán de la India y personaje de glamour infinito, casado con una famosa actriz de cine, Sharmila Tagore, y padre de otras dos estrellas de cine, Saif y Soha Ali Khan. Pero unos meses antes de que se iniciara su ilustre carrera deportiva, cuando apenas contaba veinte años, había sufrido un accidente automovilístico a resultas del cual perdió la visión de un ojo. Era difícil de creer que un bateador tuerto, por muy dotado que estuviera para ese deporte, pudiera hacer frente a la destreza de lanzadores tan temibles y veloces como Wes Hall y Charlie Griffith, de las Indias Occidentales, que eran los siguientes rivales del equipo de India. Pero Mansur jugó y jugó bien, y fue nombrado capitán –a la sazón, el jugador más joven en conseguirlo de todos los países de la competición–, y ese fue el inicio de su gloriosa carrera. Decidí tomar como ejemplo al Tigre; si él fue capaz de hacer frente a la feroz velocidad de las pelotas de Hall y Griffith, yo debía ser capaz de verter agua en un vaso si derramar una sola gota, cruzar la calle sin chocar con otros peatones y, en términos generales, apañarme sin mayores problemas con un solo ojo en un mundo de dos.

¿Quién soy yo? ¿Soy la misma persona que era el 11 de agosto, o ahora soy una diferente? En más de un sentido no soy el mismo. Mi yo del 11 de agosto jamás habría elegido como ejemplo a un deportista, por muy bueno que fuera. Y también es cierto que algunos parecen pensar que he cambiado. Hay gente que me pregunta en qué afectará a mis libros lo que me sucedió. Hubo una persona que me comparó con Nietzsche –¡nada menos!– porque el filósofo había dicho, cuando empezó a sufrir miopía extrema, que su manera de escribir había cambiado. Se daba por supuesto que la mía iba a cambiar también, tanto estéticamente como en la sustancia de mi pensamiento. Cuando me lo plantearon, reaccioné con firmeza. Dije: «No creo que eso haya cambiado mi estilo ni vaya a cambiarlo en lo más mínimo. Estilo, forma y lenguaje de cualquier proyecto literario, sea de ficción o no, vienen determinados por los requerimientos del proyecto en sí y pueden variar de libro en libro, de lo barroco a lo más austero... No veo qué contribución al arte puede tener un acto violento como ese del que fui objeto». Diciendo esto, me acordé de otra cosa que solía decir a la gente antes del 11 de agosto. «Supongamos que no supieras nada de mí, que hubieras llegado de otro planeta y alguien te hubiera dado a leer mis libros, y no hubieras oído hablar de mí ni nadie te hubiera contado nada de mi vida o de lo que pasó con *Los versos satánicos* en 1989. Bien, pues si leyeras mis libros en orden cronológico, dudo que se te ocurriera pensar "Algo muy gordo tuvo que pasar en la vida de este escritor en 1989". Cada libro lleva su propio camino». Recordé que en su momento me pareció que la fetua podía acabar conmigo, en cuanto escritor, de dos maneras diferentes: si empezaba a escribir libros «atemorizados», o si empezaba a escribir libros «vengativos». Ambas opciones destruirían mi independencia y mi individualidad y me convertirían en un títere. Yo ya no sería yo, sino la víctima de la fetua. Así pues, el único camino, la única manera de sobrevivir como artista, era entender el sendero literario en el que yo estaba, aceptar el viaje que yo había elegido y continuar por ese camino. Eso supuso un gran esfuerzo de voluntad. Y ahora me hacían otra vez la misma pregunta. ¿Quién era yo? ¿Y podía seguir siendo el de antes?

Han sido muchos los escritores conscientes de una divisoria entre su yo público y su yo privado. Hace años, en Berlín, estaba tomando un café con Günter Grass en un local de Unter den Linden y él dijo: «A veces tengo la impresión de que hay dos personas: Günter y Grass. Günter es el marido de mi mujer, el padre de mis hijos, el amigo de mis amigos, y vive en mi casa. Grass está por ahí, en alguna parte del mundo, haciendo ruido, metiéndose en líos». Luego está el famoso texto de Jorge Luis Borges, «Borges y yo», donde dice: «Al otro, a Borges, es a quien le ocurren las cosas». Y un caso extremo pero relacionado con esto: Graham Greene descubrió que tenía un alter ego, un falso yo que se movía en un mundillo no muy diferente del suyo propio y que afirmaba ser el verdadero Greene. Recibía mensajes de mujeres desconocidas comentando sus encuentros románticos y veía en la prensa fotos del otro Greene en sitios donde él no había estado en el momento de ser tomadas las fotos. Una vez, hallándose en Chile, se le acusó de ser el falso Graham Greene. No llegaron a conocerse, el real y el postizo, pero cuentan que, una vez, Greene llegó a un hotel y en el momento de registrarse descubrió que el otro Graham Greene acababa de pagar la cuenta antes de abandonar ese hotel.

Desde el año 1989, los otros Rushdies que circulan por el mundo me han hecho sentir inquietud. Yo también soy dos: «Salman» y «Rushdie». Está el Rushdie demoníaco inventado por, tengo que decirlo, muchos musulmanes; el Rushdie a quien el A. creía que debía matar. Está el Rushdie arrogante y egocéntrico creado tiempo atrás por la prensa amarilla británica (este, parece ser, ha quedado por el momento en un segundo plano). Luego está el Rushdie «fiestero». Y ahora, a raíz del 12 de agosto, tenemos al «Rushdie bueno», el supuesto cuasimártir, el icono de la libertad de expresión, pero incluso este tiene más de una cosa en común con todos los «Rushdies malos»: nada que ver, o muy poco, con el Salman sentado en su casa, el marido de su esposa, el padre de sus hijos, el amigo de sus amigos, que intenta superar lo que le sucedió y que sigue intentando escribir libros. Y todos ellos distraen la atención de lo que son los libros propiamente dichos. En cierto modo todos ellos hacen *innecesario* leer los libros. Y ese es, a mi modo de ver, el mayor daño que he sufrido, tanto antes del 12 de agosto como a causa del 12 de agosto. Me he convertido en un bicho raro, famoso no tanto por mis libros cuanto por los reveses de mi vida. Así pues, la respuesta correcta a la pregunta «¿En qué afectará esto a tu escritura?» es: Afectará al modo en que se lean mis libros. O no se lean. O ambas cosas.

Sin embargo, no me queda otra que aceptar que soy «Salman» y también «Rushdie», conservar el optimismo sin el cual no puedo crear ficciones y la esperanza de que mis novelas continuarán encontrando lectores (suponiendo que yo pueda seguir pariendo novelas), sin olvidar la determinación de seguir luchando por lo que vale la pena. Si la fortuna me ha transformado en una especie de Barbie virtuosa, un Rushdie paladín de la libertad de expresión, entonces asumiré mi sino. Aceptar la realidad y seguir avanzando por esa realidad: quizá sea eso lo que significa para mí «pasar página».

Justo después del mortífero atentado contra *Charlie Hebdo*, escribí esto: «La religión, una forma medieval de sinrazón, cuando se la combina con armamento moderno deviene una amenaza real contra nuestras libertades. Este totalitarismo religioso ha provocado una mutación letal en el seno del islam, y hoy hemos visto sus consecuencias trágicas en París. Todo mi apoyo para *Charlie Hebdo* en la defensa del arte de la sátira, que siempre ha sido una fuerza en pro de la libertad y contra la tiranía, la falta de honestidad y la estupidez. "Respeto por la religión" ha pasado a ser una frase en clave para decir "miedo a la religión". Como cualquier otra idea, las religiones merecen la crítica, la sátira y, sí, nuestra valiente irreverencia». En el caso del atentado a manos y cuchillo del A., yo sustituiría la palabra «armamento» por «tecnología», porque nada hay de moderno en un cuchillo y, sin embargo, él, el A., es totalmente un producto de las nuevas tecnologías de nuestra era de la información, que tal vez sería mejor llamar «era de la desinformación». Los grandes fabricantes de pensamiento colectivo, YouTube, Facebook, Twitter, además de los video-juegos violentos, fueron sus maestros. Sumados a lo que parecía ser una personalidad maleable que encontró en el pensamiento grupal del fundamentalismo islámico un armazón para la identidad que requería, produjeron un yo que a punto estuvo de convertirse en un asesino.

James Joyce escribió: «Los actos de los hombres son los mejores intérpretes de sus pensamientos». El ataque a cuchillo nos decía cuanto necesitábamos saber sobre la vida interior del A. El juicio llegaría cuando llegara, yo iría a testificar en caso necesario, y el fallo sería el que fuese. Eso ya no me parecía tan importante como antes.

Trece meses después del atentado, volví a Chautauqua. Había decidido que era algo que necesitaba hacer: volver a la escena del crimen y sentir que estaba allí otra vez, en pie, sano y fuerte —al menos relativamente sano y ya no débil—, en el lugar donde me desplomé y estuve al borde de la muerte; allí donde la Parca me puso en su mira… y falló (por muy poco). Confiaba en que fuera como un ritual de superación que ayudaría a dejar atrás aquel día horrible.

«Voy contigo —dijo Eliza—. Esta vez no voy a permitir que hagas el viaje solo».

Conforme se acercaba la fecha del viaje, el peso del proyecto empezó a afectarme en algunos momentos. Mi mente regresaba a aquella fecha, y grandes emociones que yo creía haber gestionado volvían a la superficie. En cambio, en otros momentos, no me parecía que hubiera para tanto. Cabía la posibilidad, pensé, de que estar de nuevo en aquel anfiteatro no me provocara más que un encogimiento de hombros: Ah, sí, pasó todo aquello, pero eso fue entonces y esto es ahora. Aquí no hay nada que ver. Vámonos. Le pregunté a Eliza si la inminente visita la hacía sentir un poco rara.

—Desde luego —me dijo—. Es lógico que sea así.

Yo le comenté que no tenía ni idea de cuánto podía afectarme volver a aquel sitio, si mucho o apenas nada, o ni tanto ni tan poco.

—Mi estado de ánimo va como un péndulo —dije.

Quizá eso también era lógico.

—Es imposible saberlo —dijo Eliza—. Hay que ir y averiguarlo.

Yo había hablado con Shannon Rozner, vicepresidenta de la institución, sobre mi deseo de hacer una visita, y ella se mostró comprensiva y servicial. La fecha más cercana que nos iba bien a todos era, curiosamente, el 11 de septiembre, vigésimo segundo aniversario de otro atentado terrorista, este mucho más importante y que cambió el mundo. Lo mío fue y es una nimiedad comparado con aquel horror; pero forma parte también de la misma historia, la de la violencia religioso-terrorista. El 11-S nos enseñó que un avión podía ser también un cuchillo. Aquellos dos aviones, el vuelo 11 de American Airlines y el vuelo 175 de United Airlines, hendieron con filo letal la estructura de sus blancos, las Torres Gemelas, y miles de seres humanos que había dentro de aquellos gigantes asesinados tuvieron menos suerte que yo.

Me acordé de una historieta de *Doonesbury* en la que un personaje le dice a otro: «Echo de menos el 10 de septiembre, ¿sabes?». Esa frase, con su ternura por la inocencia perdida, cuando no por un mundo perdido, se me había quedado grabada, y de repente pensé: «Echo de menos el 11 de agosto, ¿sabes?». Ansiaba ser, una vez más, el tipo despreocupado que contemplaba la luna llena sobre el lago, un escritor con una nueva novela a punto de publicarse, un hombre enamorado. ¿Podría el viaje de regreso a Chautauqua evocar todo eso? No un «pasar página», sino el profundo anhelo por un pasado irremisiblemente perdido, ese pasado del que el cuchillo me había separado con violencia, dejándome con un dolor para el que, tal vez, no había cura posible. Quizá iba a ir a Chautauqua para enfrentarme al insoportable conocimiento —común a todos los seres humanos— de que el ayer no vuelve nunca.

Poco antes de partir me enteré de que el A. había rechazado el acuerdo conciliatorio, dejando perplejo a todo el mundo. Así pues, era casi seguro que habría dos procesos, el estatal y el federal. Quizá no estaba pensando con claridad, porque lo que no había cambiado era que más de un millar de personas le vieron hacer lo que él se declaraba no culpable de haber hecho. ¿Alegaría tal vez demencia? ¿O acaso buscaba ser protagonista durante dos días, haciéndose el héroe radical ante la audiencia? Podía ser que volviera a cambiar de opinión. «Haz lo que quieras –pensé–. Tú sigue tu camino, que yo seguiré el mío».

El lunes 18 de septiembre se cumplía un año, un mes y una semana de mi último viaje a Chautauqua. Nos despertamos los dos sintiéndonos muy serenos y «normales». Yo estaba más preocupado por Eliza que por mí. Ella nunca había estado en Chautauqua, de modo que vería el anfiteatro por primera vez, y yo sabía que eso podía provocar en ella poderosos sentimientos. Pero Eliza insistió en que era muy buena idea ir. «Estaré bien –me dijo–. Y, la verdad, me preocupas más tú».

Durante el vuelo se me ocurrió averiguar la situación geográfica de la cárcel del condado donde el A. se encontraba en prisión preventiva. Si no estaba muy lejos de nuestro destino, la Chautauqua Institution, pensé, me gustaría plantarme delante, solo para quedarme con esa imagen grabada en la retina. Me enteré de que entre ambos sitios había una corta distancia, menos de diez minutos en coche. «Hagámoslo», le dije a Eliza. Ella dudó unos instantes, pero luego accedió.

Ese día el tiempo fue extrañamente propicio. Por la mañana, en Nueva York, llovía a mares, pero nada más llegar a Buffalo y durante el resto de la visita, brilló el sol; hacía un día magnífico, lo mismo que el 11 y el 12 de agosto del año anterior. Era como si el universo hubiera decidido recrear las condiciones de mi anterior visita en beneficio nuestro. Menos mal. Si en Chautauqua hubiera hecho un día de lluvia, el cielo cubierto, nuestra experiencia habría sido muy distinta: más oscura, más ominosa, menos relajada. Suerte que el cielo estaba azul para mantenernos en buen ánimo. (Después, cuando íbamos ya camino del aeropuerto para volver a casa, llegaron nubes de tormenta y empezó el aguacero. Como en un teatro, el telón había subido a nuestra llegada y volvía a caer a nuestra partida).

Atravesamos idílicos pueblos y ciudades pequeñas, encantadores salvo por algún que otro pasquín de TRUMP. Nombres de lugares iban quedando atrás. Seneca, en el territorio original de la nación seneca, que formó parte de la Confederación Iroquesa. Angola, bautizada así en el siglo XIX porque la población había apoyado las actividades misioneras en África. Eden, «la Ciudad Jardín». Dunkirk, que había tomado el nombre del Dunkerque francés mucho antes de la Segunda Guerra Mundial. Y mi favorita, Fredonia. Como sabe cualquier forofo del cine, Freedonia es el nombre del país imaginario cuyo máximo dirigente acaba siendo Groucho Marx en *Sopa de ganso*, el clásico de los Hermanos Marx de 1931. Retazos de los diálogos del film me vinieron a la memoria y dibujaron sonrisas en mi cara. Me hizo bien tener en la cabeza una burrada como esta:

> Hombre, pero si hasta un niño de cuatro años entendería este informe. Vaya usted corriendo a buscarme un niño de cuatro años. Yo no entiendo ni papa de lo que pone aquí.

Pero entonces vimos acercarse otro nombre en un poste indicador. ERIE. A TREINTA KILÓMETROS TRAS LA LÍNEA PA. Eso evocó poderosos recuerdos del hospital en Hamot, ensombreciendo la luminosa cara de la mañana.

Hasta mucho después —cuando ya estábamos de vuelta en casa— Eliza no me dijo que en el avión le habían asaltado recuerdos dolorosos del día en que, tras enterarse de lo ocurrido, voló hasta Erie con palabras horribles resonando en sus oídos: «No va a salir de esta». Se había obligado a apartar de sí aquellos pensamientos para centrarse en el ahora, y en lo que este viaje podía suponer para nosotros.

La prisión era un pequeño y nada imponente conjunto de edificios de ladrillo rojo. A la izquierda estaba el bloque de la policía. El de las celdas estaba a mano derecha, tras una alambrada. Hice una foto y se la mandé a Sameen, que me envió esta respuesta al móvil: «Parece muy vulgar». En efecto, pero verlo tuvo en mí un efecto inesperado. Mientras lo contemplaba, tratando de imaginarme allí dentro, al A. con su uniforme carcelario blanco y negro, me sentí totalmente dichoso y me entraron ganas de bailar, nada menos. «Para —me advirtió Eliza—. Quiero hacerte una foto delante de este sitio, y no estaría bien que salieras dando saltitos la mar de risueño». No estuvimos mucho rato; no hacía falta. Pero me alegró ver el lugar donde mi proyecto de asesino —confiaba y esperaba yo— iba a pasar una parte considerable de su vida.

El sol radiante daba su mejor aspecto a la Chautauqua Institution. Reinaba la quietud. La temporada había terminado y las diez mil personas que acudían cada verano atraídas por el programa de actos de la institución se habían marchado; solo quedaban los cuatrocientos residentes. El lago rielaba al fondo y los árboles todavía estaban verdes, con algunos toques dorados. Vi el punto en que aquella noche había tomado una foto de la luna llena.

Nos recibieron Shannon Rozner y Michael Hill, el presidente de la institución. Enseguida comprendí que para ellos, tanto como para nosotros, aquel era un momento muy emotivo.

—He pensado en usted todos los días desde lo ocurrido —dijo Michael, y la voz se le rompió al añadir—: Lo siento muchísimo.

—Bueno, yo me alegro de haber vuelto más o menos de una pieza —dije.

—Esto es precioso —comentó Eliza.

—Muchas veces he pensado en la discordancia entre lo bello y apacible de este lugar y la horrible violencia del acto —dije—. Es como si la espectacularidad del entorno hiciera el crimen más sorprendente aún.

—Exacto —dijo Michael—. Y no sabes cuánto me alegro de verte con tan buen aspecto. Yo y todos.

Llegó el momento. Entramos al anfiteatro por la misma puerta trasera por donde lo había hecho yo un año atrás. Estuvimos un momento en la zona del backstage, donde conocí a la madre de Henry Reese y me entregaron el talón, ese papel manchado de sangre ahora en manos de la justicia como prueba procesal. Me di cuenta de que Eliza estaba muy afectada. Y yo igual. Pero allí estábamos por fin. Se abrieron puertas. Subimos al escenario y contemplamos las hileras de butacas vacías, que nos miraron a su vez.

También el escenario estaba vacío, una amplia extensión de bruñidos tablones de madera. Intenté pintarle la escena a Eliza. Había dos sillas, una para Henry y otra para mí, le dije, más o menos aquí y ahí, y el pie de micro desde el que Sony Ton-Aimé nos había presentado estaba un poco más allá. Y el A. —cuando lo vi por primera vez— debió de saltar desde un asiento más o menos a media altura en el lado derecho, allá. Iba a toda velocidad y subió por esos escalones que ves ahí. Luego vino el ataque. Y cuando caí al suelo, quedé tendido más o menos por aquí. Sí, ahí mismo.

Estaba haciendo lo que había imaginado y necesitaba hacer: plantarme en el punto justo (en lo que yo me decía a mismo que era el sitio exacto) donde me había desplomado. Confieso que experimenté cierta sensación de triunfo al estar allí. Recordé, pero me abstuve de recitar, unos versos de «Invictus» de W. E. Henley: «Bajo las tundas del destino / mi cabeza sangra, pero continúa erguida».

Le conté a Eliza que después me trajeron hasta aquí, y, pasado no sé cuánto tiempo, en camilla hasta el helicóptero, que había tomado tierra más o menos allí.

«Hicimos venir la ambulancia hasta la puerta de atrás —explicó Michael—. Y esa es la puerta por la que lo sacaron».

La gente de Chautauqua tuvo la amabilidad de dejarnos a solas en aquel espacio enorme, y durante un buen rato no quisimos hacer otra cosa que abrazarnos. Allí estábamos, estrechándonos con fuerza mientras nos decíamos el uno a otro: No pasa nada. Hemos hecho bien en venir. Estamos juntos. Te quiero. Y yo a ti. Era importante hacer esto.

Me di cuenta de que para Eliza estaba siendo difícil, pero también bueno, según me dijo, porque ahora sabía cómo había sido todo; ya no tenía que imaginar el entorno ni lo sucedido nunca más. Cuando le dijeron «Esta es la puerta por la que lo sacaron», a ella se le hizo casi insoportable, pero aguantó el tipo. Los dos aguantamos el tipo. Yo me alegré mucho de tenerla a mi lado. Nos abrazamos, diciéndonos sin necesidad de palabras que estábamos allí el uno para el otro, que habíamos superado la pesadilla y todo estaba bien. De haber estado allí yo solo, habría sido totalmente diferente: más triste, menos reparador, menos asertivo.

En cuanto a mí, bien, tardé un poco en comprender lo que me estaba pasando. Al principio, pintándole la escena a Eliza y preocupado por su bienestar, me distraje de mis propias emociones. Pero luego, juntos en medio de aquella quietud, percibí algo así como que me quitaba un peso de encima, y la mejor palabra que encontré para definir esa sensación fue levedad. Se había cerrado un círculo y yo estaba haciendo lo que había confiado en poder hacer en aquel lugar: las paces con lo que sucedió aquel día, las paces con mi vida. Me encontraba casi exactamente donde alguien había estado a punto de matarme, vestido, para más información, con mi *nuevo* traje Ralph Lauren, y me sentí… completo.

«Vi que esto te hacía bien —dijo Eliza—, y por ese motivo yo misma me sentí bien».

Me acordé de la pregunta que me había hecho a mí mismo después del atentado: ¿sobreviviría nuestra felicidad a semejante golpe? Estando allí, en el escenario del anfiteatro, supe la respuesta: sí, habíamos sido capaces de reconstruir nuestra felicidad, aun de manera imperfecta. Incluso con el cielo tan azul, supe que no era aquella cosa desprovista de nubes que habíamos conocido en otro tiempo. Era una felicidad herida, y había además, quizá para siempre, una sombra en un rincón de esa dicha. Pero, con todo, era una felicidad consistente, y, mientras nos abrazábamos, supe que eso bastaría.

«Aquí ya hemos terminado —le dije a Eliza, cogiéndole la mano—. Volvamos a casa».

Cuchillo de Salman Rushdie
se terminó de imprimir en mayo de 2024
en los talleres de
Litográfica Ingramex, S.A. de C.V.,
Centeno 162-1, Col. Granjas Esmeralda, C.P. 09810,
Ciudad de México.